Margit Pieler
Günter Schicho

Aufsteigen ... in DEUTSCH 4

Texte verfassen

So schaffst du die **4. Klasse**
HS/AHS
und Neue Mittelschule

G&G

Symbolerklärung

Ü 1

Übungsaufgabe:
Die Übungen sind fortlaufend nummeriert, sodass du sie auch im Lösungsheft leicht wiederfindest. Die meisten Übungen kannst du im Buch erledigen, für einige Aufgaben ist es aber ratsam, dass du dir ein Übungsheft anlegst.

In einem solchen Kästchen findest du wichtige Kurzinformationen und leicht verständliche Erklärungen zum jeweiligen Thema.

Wichtiger Merksatz! Guter Tipp! Merk dir das gut!

Dem Buch ist ein Lösungsheft zur Selbstkontrolle beigelegt.

Die Aufnahme in den Anhang zu den Schulbuchlisten für die 4. Klasse an Hauptschulen und an allgemein bildenden höheren Schulen im Unterrichtsgegenstand Deutsch wurde vom Bundesministerium für Unterricht, Kunst und Kultur mit BMUKK-5.001/0010-B/8/2012 vom 20. Juli 2012 empfohlen.

www.ggverlag.at

Schulbuchnummer 160620

ISBN 978-3-7074-1352-6

In der aktuell gültigen Rechtschreibung

1. Auflage 2011, Nachdruck 2013 (1,01)

Illustrationen: Natasha Chalmers

Tiger auf Umschlag: Elena Kratzer

Printed by Brüder Glöckler, Wöllersdorf

Inhalt

Erzählende Texte schreiben

Im Deutschunterricht hast du in den letzten Jahren, z. B. bei Schulübungen, Hausübungen und Schularbeiten, zu unterschiedlichen Vorgaben die verschiedensten erzählenden Texte verfasst.
Die von Lehrern/Lehrerinnen am häufigsten verwendeten Vorgaben für Geschichten sind:

- Überschriften
- Reizwörter
- Erzählkerne
- Sprichwörter und Redensarten
- Bilderfolgen
- Texte
- einzelne Bilder
- Anfänge von Geschichten

Ü 1

Wenn du nun die Wortschlangen im Kästchen auflöst, erhältst du die wichtigsten erzählenden Textsorten, von denen dir eigentlich alle bekannt sein sollten. Schreibe sie in deinem Übungsheft auf!

ERLEBNISERZÄHLUNGREIZWORTGESCHICHTEBILDERZÄHLUNG
FORTSETZUNGSGESCHICHTEBILDGESCHICHTEMÄRCHENKRIMINALGESCHICHTE
FANTASIEGESCHICHTENACHERZÄHLUNGEULENSPIEGELGESCHICHTEKURZGESCHICHTE

Jede der in Ü1 angeführten Textsorten weist ihre besonderen Merkmale auf, die natürlich beim Schreiben beachtet werden müssen. *
Unabhängig davon, welche besonderen Merkmale eine Textsorte aufweist, gilt es eine Reihe von Punkten zu beachten, die für alle erzählenden Texte wichtig sind. Sie werden im Laufe des Kapitels vorgestellt.

Erzählideen mit Hilfe des Clusterings entwickeln

Eine gute **Möglichkeit, Erzählideen und Gedanken gezielt zu sammeln**, ist das **Clustern**. Dabei schreibst du das Thema/ein Themenwort in die Mitte eines Blattes und kreist es ein. Dann **lässt** du **deinen Gedanken freien Lauf** und notierst alle Einfälle, die dir dazu kommen. Für jeden Einfall verwendest du einen eigenen Kreis.
Einfälle, die zusammengehören, verbindest du mit einer Linie zu so genannten **Ideenketten**. Beim Überarbeiten streichst du schließlich Unbrauchbares oder das, was zu weit vom Thema abschweift, weg. Aus den übrig gebliebenen Stichwörtern versuchst du einen **„roten Faden“** für deine Geschichte zu entwickeln.

* Du möchtest mehr über die einzelnen Textsorten erfahren? Viele Anregungen und Beispiele findest du in „Aufsteigen – Texte verfassen“, Band 1–3, G&G Verlagsgesellschaft mbH, Wien 2008.

Die **Methode des Clusterings** kann sehr hilfreich sein, wenn du beispielsweise zu einem **Stichwort,** einer **Redensart** oder einem **Bild** eine Geschichte schreiben sollst.
Auch wenn es darum geht, eine **begonnene Geschichte fortzusetzen,** kannst du auf diese Weise Ideen sammeln, welchen Verlauf die Handlung nehmen könnte.
Die Methode des Clusterings kannst du aber ebenfalls einsetzen, wenn du eine **Stoffsammlung für eine Erörterung** erstellen sollst (siehe Kapitel „Erörterung").

Im Folgenden findest du ein Beispiel für ein Cluster zum Stichwort „Schnee":

Ü 2

Wähle eines der angeführten Reizwörter und gestalte ein Cluster!
Ferien, Freundschaft, Sommer, Schule, „Nicht schuldig!"

Erzählform

Eine Geschichte kann in der **Ich-** oder in der **Er-/Sie-Form** erzählt werden.
Bevor du zu schreiben beginnst, musst du dich für eine der beiden Erzählformen entscheiden.

Beispiele:
Ich-Form:
Da stand **ich** nun vor verschlossener Tür. Sosehr **ich** auch Sturm läutete und **mich** ärgerte, sie blieb verschlossen. Da war nichts zu machen. Niemand war zu Hause, obwohl es anders ausgemacht gewesen war. Es war bitterkalt und **mich** fröstelte bereits. Zu allem Überdruss hatte **ich** auch noch **mein** Handy bei **meiner** Freundin liegen gelassen.

Er-/Sie-Form:
Da stand **er** nun vor verschlossener Tür. Sosehr **er** auch Sturm läutete und **sich** ärgerte, sie blieb verschlossen. Da war nichts zu machen. Niemand war zu Hause, obwohl es anders ausgemacht gewesen war. Es war bitterkalt und **ihn** fröstelte bereits. Zu allem Überdruss hatte **er** auch noch sein Handy bei **seiner** Freundin liegen gelassen.

Erzählperspektive

Bevor du mit der Erzählung deiner Geschichte beginnst, musst du dich auch für die Erzählperspektive entscheiden.
Damit ist der **Blickwinkel oder Standpunkt** gemeint, von dem aus du erzählst.

Man kann folgende Erzähler unterscheiden:

Der auktoriale (allwissende) Erzähler

Der allwissende oder auktoriale Erzähler ist **keine Figur der Geschichte**.
Er **kennt** alle **Fakten** und weiß über die **Gedanken und Gefühle** der handelnden Personen Bescheid. Ihm ist es möglich, zwischen Vergangenheit und Gegenwart sowie Gegenwart und Vergangenheit hin und her zu springen.
Der allwissende Erzähler kann sich in die Handlung **einmischen**, **kommentieren, bewerten** und **vorausdeuten**.
Ob er stärker oder weniger stark in Erscheinung tritt, das entscheidest du.
Die Geschichte wird in der **Er-/Sie-Form** erzählt.

Beispiel:
Da stand er nun also vor verschlossener Tür, denn er hatte keinen Schlüssel mit.
Er war vollkommen ratlos. Immer wieder fragte er sich, was er nun tun sollte. Er wusste es nicht. Es war wirklich zum Aus-der-Haut-fahren! Anrufen konnte er niemanden, weil er noch zu allem Überdruss sein Handy bei seiner Freundin liegen gelassen hatte.
Woher in letzter Zeit seine Zerstreutheit kam, über die er sich wirklich ärgerte, konnte er nicht sagen. Seinen Freunden und Bekannten war es aber klar:
Er mutete sich beruflich zu viel zu, vergaß darauf, dass es außerhalb der Firma auch noch ein Leben gab. Gesagt hatte ihm das allerdings noch keiner.

Der Ich-Erzähler

Die Geschichte wird in der **Ich-Form** erzählt.
Der Ich-Erzähler ist eine an der Handlung teilnehmende Figur.
Meist ist dies die **Hauptfigur**.
Der Ich-Erzähler kann seine **eigenen Gedanken und Gefühle** wiedergeben.
Er weiß allerdings nicht, was die anderen Figuren denken und fühlen, ihm ist es aber möglich, diesbezüglich **Vermutungen** anzustellen.

Beispiel:
Da stand ich nun also vor verschlossener Tür. Ich hatte keinen Schlüssel mit und war vollkommen ratlos. Immer wieder fragte ich mich, was ich nun tun sollte. Ich wusste es nicht. Es war wirklich zum Aus-der-Haut-fahren! Anrufen konnte ich niemanden, weil ich, wie ich zu allem Überdruss feststellen musste, auch noch mein Handy bei meiner Freundin liegen gelassen hatte. Woher in letzter Zeit meine Zerstreutheit kam, über die ich mich wirklich ärgerte, konnte ich nicht sagen.

Der personale Erzähler

Die Geschichte wird in der **Er-/Sie-Form** aus der **Sicht einer der handelnden Figuren** erzählt.
Der personale Erzähler **mischt sich nicht in die Handlung ein**.
Er kennt das Innere der Figur, aus deren Sicht er erzählt.
Sonst weiß er aber nur genauso viel wie diese.

Beispiel:
Da stand er nun also vor verschlossener Tür. Er hatte keinen Schlüssel mit und war vollkommen ratlos. Was sollte er nun tun? Er wusste es nicht. Je mehr er darüber nachdachte, desto mehr ärgerte er sich. Es war zum Aus-der-Haut-fahren! Anrufen konnte er auch niemanden, weil er, wie er zu allem Überdruss feststellen musste, auch noch sein Handy bei seiner Freundin liegen gelassen hatte. Das durfte doch alles nicht wahr sein! Woher in letzter Zeit seine Zerstreutheit kam, über die er sich wirklich ärgerte, konnte er nicht sagen.

Der neutrale Erzähler

Die Geschichte wird in der **Ich-** oder **Er-/Sie-Form** erzählt.
Der neutrale Erzähler **mischt sich nicht in die Handlung ein, wertet und kommentiert nicht**.
Er weckt den Anschein, objektiv (parteilos) zu sein.
Innere Vorgänge, wie z. B. Gefühle, Empfindungen, Gedanken, schildert der neutrale Erzähler nur, wenn sie äußerlich sichtbar sind.

Beispiel:
Nun stand er also vor verschlossener Tür. Auch nachdem er mehrmals seinen Rucksack durchsucht hatte, war der Schlüssel nicht aufgetaucht. Ebenfalls hatte er feststellen müssen, dass er sein Handy bei seiner Freundin vergessen hatte.

Ü 3

Stelle fest, welche Art von Erzähler in den angeführten Beispielen vorkommt! Schreibe den richtigen Buchstaben in das jeweilige Kästchen!

A auktorialer Erzähler B Ich-Erzähler

C personaler Erzähler D neutraler Erzähler

Ich wusste, ich würde sie im Café antreffen. Auch wenn es mich große Überwindung kostete, ich musste die direkte Konfrontation suchen. Sie waren einfach zu weit gegangen. Jetzt sollten sie mich kennen lernen. Mit zitternden Händen drückte ich die Klinke hinunter und einen Moment später stand ich schon im Kaffeehaus. Ich sah sofort, wo sie saßen. Ina, Lea, Marion und Marie bemerkten mich sogleich. Sie blickten kurz zu mir her, steckten danach ihre Köpfe zusammen und begannen zu tuscheln.

Mona betrat das Café, in dem sich ihre Klassenkolleginnen nach der Schule immer trafen. Sie saßen zu viert an einem Tisch in der Nähe des Eingangs und steckten sogleich die Köpfe zusammen, als sie sie bemerkten. Erhobenen Hauptes marschierte Mona direkt auf sie zu.

Mona – wir werden ihr im Laufe der Handlung noch oft begegnen – betrat selbstbewusst das Café, in dem sich ihre Klassenkolleginnen nach der Schule immer trafen. Sie saßen zu viert an einem Tisch, steckten sofort ihre Köpfe zusammen, als sie sie bemerkten, und begannen über sie zu tuscheln. Mona ignorierte sie und marschierte, wie sie es sich vorgenommen hatte, erhobenen Hauptes an ihnen vorbei. Ina, Lea, Marion und Marie verstummten und jede von ihnen fragte sich, was sie wohl vorhatte. Das Mädchen setzte sich an einen freien Tisch, schlug die Beine übereinander und starrte die vier an. Diese wurden nervös und versuchten ihren Blicken auszuweichen. Sofort fühlten sich alle an die Vorkommnisse vom Vortag erinnert.

Sie wusste, sie würde sie im Café antreffen. „Du musst die direkte Konfrontation suchen“, sagte sie sich, auch wenn es sie große Überwindung kostete. Ihre Klassenkolleginnen waren einfach zu weit gegangen. Jetzt sollten sie sie kennen lernen. Mit zitternden Händen drückte sie die Klinke hinunter und einen Moment später stand sie schon im Kaffeehaus. Sie entdeckte sie sofort. Sie saßen an einem Tisch in der Nähe des Eingangs und schienen sich gut zu unterhalten. Wie konnten sie nach dem Vorfall von gestern so unbekümmert zusammensitzen? Hatten sie kein schlechtes Gewissen?

Ü 4

Gestalte die angeführte Erzählsituation in folgenden Erzählhaltungen: Ich-Erzähler, auktorialer Erzähler und personaler Erzähler! Schreibe im Präteritum!

Michael sitzt mit hochrotem Gesicht über seinem Mathematik-Schularbeitsheft. Er hat erst ein Beispiel richtig gelöst, aber nur mehr fünfzehn Minuten Zeit. Bernd, der hinter ihm sitzt, hat ihm einen Zettel, auf dem zwei Beispiele fixfertig gelöst sind, heimlich zugesteckt. Er liegt in seinem Bankfach. Bis jetzt ist es Michael noch nicht gelungen, ihn ins Heft zu schummeln und abzuschreiben, weil ihn der Mathematik-Lehrer mit Argusaugen beobachtet.

Der Ich-Erzähler:

Der auktoriale Erzähler:

Der personale Erzähler:

Beginn einer Geschichte

Unter anderem stehen dir folgende Möglichkeiten der Einleitung zur Verfügung:

Die Wer-, Wo-, Wann-Einleitung:

In dieser Einleitung beantwortest du möglichst viele W-Fragen.

Beispiel:
Es war am 15. August vor drei Jahren. Daniel feierte seinen 15. Geburtstag und hatte seine Freundinnen und Freunde zu einer Pool-Party bei sich zu Hause eingeladen. Alle hatten versprochen zu kommen. Seine Eltern waren nicht zu Hause, sondern befanden sich gerade auf einer zweiwöchigen Nil-Kreuzfahrt.

Die Einleitung, die mit einer wörtlichen Rede beginnt:

Durch den Einstieg mit einer wörtlichen Rede baust du Spannung auf.
Du machst den Leser/die Leserin neugierig.
Wichtig ist, dass auf das kommende Geschehen hingewiesen wird.

Beispiel:
„Jakob, könntest du mir helfen, die Heurigenbänke aufzustellen? Zu zweit geht das einfach leichter“, meinte Daniel. Er und sein bester Freund waren schon in den Vorbereitungsarbeiten für die Pool-Party, zu der er anlässlich seines Geburtstages alle seine Freundinnen und Freunde eingeladen hatte.

Die Einleitung, die mit einer Frage beginnt:

Mit einer Frage am Beginn der Einleitung weckst du beim Leser/bei der Leserin Neugier.
Er/Sie liest weiter, um die Antwort auf die gestellte Frage zu erfahren.

Beispiel:
Weswegen hatte Sabine abgesagt? Dabei war sie doch zu Hause, wie ihm ihre beste Freundin Lisa bestätigt hatte, und nicht unterwegs, wie sie ihm selbst am Telefon gesagt hatte. Was war geschehen? Ohne sie würde ihm die Pool-Party nur halb so viel Spaß machen.

Die Einleitung, die Atmosphäre schafft:

Ein Bild wird entwickelt bzw. eine Szene wiedergegeben.
Damit erzeugst du Atmosphäre und zugleich Spannung.

Beispiel:
Ein leichtes Lüftchen war aufgekommen und fühlte sich angenehm an. Noch immer brannte die Sonne erbarmungslos vom strahlend blauen Himmel. Das Wasser des Pools glitzerte im Sonnenschein. In frühestens zwei Stunden war mit dem Auftauchen der ersten Gäste zu rechnen. Schwitzend stellten Daniel und sein Freund die letzten Heurigenbänke im Schatten des großen Nussbaumes auf.

Ü 5

**Im Folgenden findest du verschiedene Anfänge von Geschichten.
Gib an, welche Art von Einstieg gewählt wurde, indem du den richtigen Buchstaben in das Kästchen schreibst!**

A Die Wer-, Wann-, Wo-Einleitung
B Die Einleitung, die mit einer wörtlichen Rede beginnt
C Die Einleitung, die mit einer Frage beginnt
D Die Einleitung, die Atmosphäre schafft

Seit Stunden hämmerte der Regen gegen die Fenster der kleinen Berghütte.
Ein schwerer Sturm fegte an den Bäumen vorbei und ließ die Fensterläden laut klappern.
Eine aus mehreren Verankerungen gerissene Regenrinne quietschte schaurig.
Immer wieder zuckten grelle Blitze vom Himmel und es war ein lautes Donnergrollen in der Ferne zu vernehmen.

Warum war sie nur so müde? Sie hatte lang und ohne Unterbrechung geschlafen.
Auch krank fühlte sie sich nicht. Was war nur los mit ihr? Sie stützte ihren Kopf,
der schwer auf ihren Schultern lag, auf der linken Hand ab und gähnte geräuschvoll.

Als die Katze bei uns auftauchte, versuchte Zane sie zu töten. Sie schlüpfte eines Tages, an einem kalten Tag im Herbst, einfach bei der Türklappe herein, die für den Hund bestimmt war. Nathan Peterson und seine Mutter Julie waren vor nicht einmal einem Monat aus der Stadt in das alte Farmhaus gezogen. Sie saßen vor dem Fernsehapparat und beobachteten erstaunt, wie das Tier ins Wohnzimmer stolzierte und sich vor dem offenen Kamin zusammenrollte.

Aus: Steven Paulsen: Die streunende Katze. G&G Verlagsgesellschaft mbH, Wien 1999.

„Freu dich, Oskar!", sagte Nina. „Nun haben wir drei Wochen das Zimmer ganz für uns! Keiner mehr da, der uns nervt." Sie war eben mit ihren Eltern vom Flughafen zurückgekommen, wohin sie ihren Bruder Viktor zum Flugzeug nach London gebracht hatten.

Aus: Gerda Anger-Schmidt: Der Fälscherbande auf der Spur. G&G Verlagsgesellschaft mbH, Wien 2007.

Geschichten fesselnd, interessant, spannend, lebendig, anschaulich gestalten

Was du in den Bereichen **Aufbau und Inhalt** sowie **sprachliche Gestaltung** machen kannst, um deine Geschichten fesselnd, interessant, spannend, lebendig und anschaulich zu gestalten, darüber informiert dich die folgende Übersicht.

Aufbau und Inhalt

- Erzähle nur **von einem Ereignis bzw. Erlebnis**, dies aber ausführlich und anschaulich!
- Bereite den **Höhepunkt der Geschichte** – den wichtigsten Teil der Geschichte – entsprechend vor! Dies erreichst du, indem du die Spannung in mehreren Erzählschritten steigerst.
- Setze die Erzähltechniken der **Raffung und Dehnung** ein!
  Raffung: Damit ist beschleunigtes, zeitraffendes Erzählen gemeint. Es wird kurz, beschleunigt bzw. knapp erzählt. Raffen solltest du die Einleitung und den Schluss sowie Teile der Geschichte, die knapp erzählt werden sollen.
  Dehnung: Damit ist verlangsamtes, zeitdehnendes Erzählen gemeint.
  Man spricht auch vom Erzählen in Zeitlupe. Gedehnt erzählen solltest du zentrale Stellen der Geschichte (z. B. den Höhepunkt).
- Der Leser/die Leserin muss sich die **Geschichte**, die du erzählst, **genau vorstellen** können. Er/Sie muss sie **miterleben** können.
  <u>Dies erreichst du mit folgenden Mitteln</u>:
  - Lasse die Figuren in **wörtlichen Reden** sprechen!
  - Stelle die **Gedanken, Gefühle und Empfindungen** der Figuren dar (= INNENSICHT)! Informiere über ihren **Gesichtsausdruck**, ihre **Gesten**, ihre **Verhaltensweisen**!
  - Gib **Sinneseindrücke** wieder! Beantworte dabei folgende Fragen: Was <u>sieht</u> man? Was <u>hört</u> man? Wie <u>riecht</u> es/etwas? Wie <u>schmeckt</u> etwas? Wie <u>fühlt</u> sich etwas <u>an</u>?
  - Beschreibe **wichtige Figuren und Schauplätze** näher, damit sich der Leser/die Leserin ein besseres Bild machen kann!
  - Wecke die **Neugierde** bzw. das **Interesse** des Lesers/der Leserin! Fessle ihn/sie mit deiner Erzählweise, sodass er/sie deinen Text nicht aus der Hand legen kann, ehe er/sie nicht den kompletten Verlauf der Geschichte kennt!

Sprachliche Gestaltung

- Baue **Frage- und Ausrufesätze** ein!
  Beispiel:
  Was hatte sie sich dabei nur gedacht? Das durfte doch wirklich nicht wahr sein! Heftig klopfte sie mit ihrem Regenschirm gegen die Haustür.
- Verwende **anschauliche Verben** (Zeitwörter) und **treffende Adjektive** (Eigenschaftswörter)!
  Beispiele:
  Das Meer <u>tobte</u> und die <u>schäumende</u> Gischt spritzte über die Reling.
  Da <u>zerriss</u> plötzlich ein <u>spitzer</u> Schrei die Stille.

- Füge **Umstandsbestimmungen der Art und Weise** ein! Damit wird angegeben, wie etwas geschieht bzw. vor sich geht.
  Beispiele:
  Mit zitternden Händen griff Maximilian nach dem zerknitterten Zettel.
  Leise schluchzend kauerte sie auf dem Sofa.

- Arbeite mit **Vergleichen**!
  Beispiele:
  Wie ein gehetztes Tier blickte er ängstlich um sich.
  Wenige Augenblicke später umschwirrten die Autogrammjäger die berühmte Schauspielerin wie ein Schwarm Bienen.
  Benjamin rannte schreiend davon, als wäre der Teufel hinter ihm her.

- Hebe Wichtiges mit **Ellipsen** hervor und erziele dadurch eine spannende Wirkung! **Ellipsen** sind unvollständige Sätze. Sie entstehen durch das Auslassen von Wörtern und Satzteilen. Sie sollten aber sparsam eingesetzt werden.
  Beispiele:
  Sie horchten in die Dunkelheit. Nichts war zu hören.
  Nicht einmal das Rascheln der Blätter. Panik ergriff sie.

  Was geschehen war, war geschehen. Schwamm darüber.
  Dies war jedenfalls die Einstellung meiner Eltern. Keineswegs aber meine.

  „Pass auf, Dominik!“, wollte Melanie ihrem besten Freund zurufen, aber es kam kein Ton über ihre Lippen. Sie war wie gelähmt. Stumm vor Entsetzen.

Ü 6

Lies dir den angeführten Text, der ein Ausschnitt aus Martin Selles Jugendbuch „Tödliche Geheimnisse“ ist, genau durch!
Er ist sehr fesselnd erzählt sowie spannend, anschaulich und lebendig gestaltet.
Führe möglichst viele Punkte an, warum dieses Urteil stimmt!
Analysiere den Text nach Aufbau und Inhalt sowie sprachlicher Gestaltung!

„Was ... was geht hier vor?“ Alarmiert drückte Sandra immer wieder den Daumen auf den E-Knopf. Nichts. Keine Reaktion. Der Aufzug fuhr in die Tiefe. Es war wie ein Alptraum. Sandras Herz hämmerte, als wolle es ihr die Brust sprengen.

„Das Tragseil ...“, stotterte Armin. „Vielleicht ist es gerissen!“

„Eine Tiefgarage“, hoffte Sandra. Sie wusste, dass der Gedanke nur ein verzweifelter Wunsch war.

„Warum gibt es dann keinen Knopf mit G-Garage?“ Armin wirkte gefasst, aber seine Augen verrieten die Angst, die in ihm tobte.

Sandra glaubte zu wissen, warum. Sie war jedoch zu angespannt, um sich länger Gedanken darüber zu machen. In der nach unten gleitenden Liftkabine machte sich frostiges Schweigen breit.

„Bestimmt sind wir schon zehn oder zwanzig Meter unter der Erde“, sagte Armin mit ernster Miene. Plötzlich horchte er auf. Konnte das sein? Ja. Er irrte sich nicht!

Das surrende Geräusch des Liftseiles wurde tiefer, die Kabine langsamer. Tatsächlich! Sie bremste langsam ab. Der Aufzug ruckte kurz, dann stand die Kabine still.

Nichts weiter geschah. Sandra und Armin lauschten. Ihre Gedanken kreisten um eine einzige Frage: Was war auf der anderen Seite der Lifttür?
„Mach das Knicklicht aus“, flüsterte Armin. Es wurde dunkler in der Liftkabine. Sandra und Armin glichen jetzt nur mehr zwei Schattengestalten. Armin drückte den Knopf zum Öffnen der Tür.
Die beiden Metallhälften schoben sich mit einem leisen Zischen auseinander. Sandra blickte in einen düsteren, schwach beleuchteten Gang. Mehrere Seitengänge zweigten nach links und rechts ab. Dazwischen lagen Türen. Alle waren geschlossen. Kein Laut war zu hören und ein seltsamer Geruch lag in der Luft: eine Mischung aus Zoo, Medikamenten und Parfum.
Mit pochendem Herzen standen Sandra und Armin da und starrten in die merkwürdige Etage hinaus. Der Boden war abwechselnd mit schwarzen und weißen Steinfliesen belegt. Der Gang glich einem großen Schachbrett. Die Wände waren grau gekachelt. Totenstille herrschte. Man hätte eine Stecknadel fallen hören können. Kein Wort, kein Ton, keine Silbe war zu vernehmen ...

Aus: Martin Selle: Tödliche Geheimnisse. G&G Verlagsgesellschaft mbH, Wien 2008.

Übungen zum anschaulichen und lebendigen Erzählen

Wie Gedanken und Gefühle einer Figur dargestellt werden können

- **Der Erzähler kann die Gefühle bzw. Gedanken direkt beschreiben.**
  Beispiel:
  Magdalena brach in Tränen aus. Sie fragte sich, was sie nun tun sollte. Da sie aber innerlich von dem Ereignis so aufgewühlt war, konnte sie keinen klaren Gedanken fassen.
- **Der Erzähler kann die Gefühle bzw. Gedanken ohne Redeeinleitung wiedergeben.**
  Erzählung in der **Ich-Form:**
  Ich brach in Tränen aus. Was sollte ich nun tun? Gab es denn einen Ausweg?

  Erzählung in der **Er-/Sie-Form:**
  Magdalena brach in Tränen aus. Was sollte sie nun tun? Gab es denn einen Ausweg?
- **Der Erzähler kann die Gefühle und Gedanken wörtlich wiedergeben.**
  Beispiel:
  Magdalena brach in Tränen aus. Sie fragte sich: „Was soll ich nun tun? Gibt es einen Ausweg?“

Ü 7

Wie werden in den angeführten Beispielen Gedanken und Gefühle vom Erzähler dargestellt? Ordne die richtigen Buchstaben den angeführten Textstellen zu!

A direkte Beschreibung der Gefühle und Gedanken
B Wiedergabe der Gefühle und Gedanken ohne Redeeinleitung
C wörtliche Wiedergabe der Gefühle und Gedanken

Er zitterte wie Espenlaub und kauerte mit kreidebleichem Gesicht hinter dem Busch. War das Ganze nur ein Traum oder Wirklichkeit? In welche Geschichte war er da nur hineingeraten? Das hatte er nun davon, dass er nicht auf Melanie gehört hatte!

Mit zitternden Fingern strich sie sich die Haare aus dem Gesicht. Sie konnte nicht glauben, was sie soeben gesehen hatte, und fragte sich: „Ist das Ganze nur ein Traum oder doch Wirklichkeit? In welche Geschichte bin ich da nur hineingeraten?“ Weder auf die erste noch auf die zweite Frage konnte sie eine Antwort finden. „Das hast du nun davon, dass du nicht auf andere hören wolltest!“, schoss es ihr durch den Kopf.

Die Angst stand ihm ins Gesicht geschrieben. Kreidebleich kauerte er hinter dem Busch und wagte sich nicht zu bewegen. Unzählige Gedanken schossen ihm durch den Kopf – einer irrwitziger als der andere. Er versuchte sich einzureden, dass er das alles nur träumte. Sehr erfolgreich war er damit aber nicht.

Schauplätze und Figuren genauer beschreiben

Indem du die **Figuren** und den **Schauplatz des Geschehens näher beschreibst**, erreichst du, dass sich der Leser/die Leserin ein besseres Bild vom Erzählten machen kann.

Ü 8

Figurenbeschreibung:
Im Folgenden findest du zwei Ausschnitte aus Johann Pielers Jugendbuch „Professor Dampfbart. Das Geheimnis der Anderswelt". Sie sind leider durcheinandergeraten.
In einem wird ein Junge namens Bastian näher beschrieben, im anderen die Hauptfigur, ein älterer Mann, der von den Kindern Professor Dampfbart genannt wird.
Unterstreiche die zusammengehörigen Teile mit derselben Farbe!

Bastian trug immer das Trikot irgendeines bekannten Fußballers und hatte immer einen Ball unter dem Arm, das war gleichsam sein Markenzeichen. Schon sein Alter war schwer zu schätzen, was ihn irgendwie geheimnisvoll machte. Er hatte schneeweiße Haare und einen Bart wie der Weihnachtsmann in einer amerikanischen Werbung, was Dom dazu inspiriert hatte, ihn eben als „Dampfbart" zu bezeichnen. Wenn er nicht gerade über Fußball sprach, war er eher wortkarg, wodurch er in seiner Klasse etwas unterschätzt wurde. Von den vier anderen wusste aber jeder, dass Bastian immer, wenn er etwas zu sagen hatte, entweder einfach recht hatte oder die Sache irgendwie auf den Punkt brachte. Zu seinem weisen und gütig wirkenden Gesicht passten sein übriger Körper und seine Kleidung gar nicht. Er mochte irgendwo zwischen 55 und 65 Jahre alt sein und seiner gebräunten Haut sah man das durchaus an, aber sein Körper war durchtrainiert wie der eines Zehnkämpfers und seine Kleidung, die stets aus einem T-Shirt und Jeans bestand, ließ ihn wie ein Seemann wirken, den es im Alter hierher in den Wohnpark gespült hatte. Er war eben kein Mann großer Worte und redete nur, wenn es auch etwas zu sagen gab oder wenn es eben um Fußball ging.

Aus: Johann Pieler: Professor Dampfbart. Das Geheimnis der Anderswelt. G&G Verlagsgesellschaft mbH, Wien 2010.

Ü 9

Beschreibung des Schauplatzes:
Im Folgenden findest du zwei kurze Texte, die den jeweiligen Schauplatz des Geschehens näher beschreiben. Leider sind sie durcheinandergeraten.
Unterstreiche die zusammengehörigen Teile mit derselben Farbe!

Sie steuerten auf ein riesiges Anwesen im Nobelviertel zu. Im Zimmer, das er soeben betreten hatte, war es dämmrig. Nur ein einziges Fenster ließ Licht herein.
Es war durchgehend von einer mannshohen Mauer, an der sich wilder Efeu hochrankte, umgeben. Es roch muffig nach altem Staub. Das herrschaftliche Haus, das sich darauf befand, stand auf einer leichten Anhöhe inmitten eines Parks, in dem knorrige Eichen und uralte Tannen wuchsen. An den Wänden standen mehrere Regale, die vom Boden bis zur Decke reichten und mit unzähligen alten Büchern gefüllt waren. Hinter einem hohen, schmiedeeisernen Tor wand sich ein weißer Kiesweg auf die Villa zu. In der Mitte des Raumes befand sich ein schwerer Mahagoni-Schreibtisch, auf dem sich vergilbte Zeitungen stapelten.

Ü 10

Mit Adjektiven anschaulich erzählen

Der folgende Text ist ein Ausschnitt aus Martin Selles Jugendbuch „Tödliche Geheimnisse". Ergänze die im Kästchen angeführten fehlenden Adjektive an den richtigen Stellen!

In der Künstlergasse stürzte Markus Zwingli, ein ________________ Junge, zu einer der Straßenlaternen. ________________ vor Angst klammerte er sich an die ______________ Eisensäule. Was war das? Seine Beine fühlten sich wie ____________________ an, ______________, als würden sie langsam einschlafen. Er sank den Laternenpfahl entlang zu Boden. ________________ sickerte es aus der Schnittwunde an seiner ______________ Schulter. Markus Zwingli rang __________________ nach Luft: „Gott sei Dank lebe ich noch ..." Er blickte sich um, suchte nach Menschen, nach Hilfe, nach einem Versteck ... Augenblicke später erstarrte er.

„Bleib unten. Es ist vorbei für dich!" Die Stimme war __________________ und ____________________ nahe. Der Junge drehte ________________ den Kopf. Keine ______________ Schritte hinter ihm war sein Verfolger in die Künstlergasse eingebogen. Ein Riese mit ______________ Bürstenfrisur, ____________________ Haut, __________________ Augen und im ____________________ Anzug. Er zog eine Pistole aus dem Sakko. „Du hättest nicht aus der Universität und ihrer Klinik flüchten dürfen", sagte er. „Sag mir jetzt, wo du das, was nicht dir gehört, versteckt hast."

„Ich ... ich habe Ihnen doch schon gesagt, dass ich nichts versteckt habe!", stöhnte der Junge, der ____________________ unter der Laterne lag – ausgeliefert. „Ich weiß nicht, wovon Sie reden." Markus Zwingli spürte, wie ihn die Kräfte gänzlich verließen. Immer ____________________ wurde sein Körper seit der Spritze. Was für ein Teufelszeug hatten sie ihm nur gegeben?

„Du lügst!" Der Mann starrte Markus an. „Du hast etwas belauscht, was nicht für deine Ohren bestimmt war."

Markus brach der Schweiß aus. Wie konnte ihn sein Verfolger dabei gesehen haben?

Aus: Martin Selle: Tödliche Geheimnisse. G&G Verlagsgesellschaft mbH, Wien 2008.

finsteren – dunkelrot – tauber – zehnjähriger – blonder – langsam – zitternd – schwarzen – kalte – erschreckend – gelähmt – hilflos – eiskalt – keuchend – taub – linken – gespenstisch blasser – zehn

Ü 11

Mit treffenden Verben anschaulich erzählen

Ergänze in den angeführten Sätzen die fehlenden treffenden Verben in der richtigen Form! Sie sind im Kästchen angeführt! Sie stehen allerdings alle im Infinitiv.

1. Nach den zahlreichen Vorwürfen, die ihm sein Vorgesetzter gemacht hatte, zitterte er am ganzen Körper und **rang** nach Worten.
2. Die Mädchen hatten das Gefühl, von seinen Blicken ______________ zu werden.
3. Bei diesem grauenerregenden Anblick ______________ den Matrosen das Blut in den Adern.
4. Ihr Gesicht ____________________ und in ihren Augen spiegelte sich ihre Verachtung, die sie für die anderen übrig hatte.
5. Mit schmerzverzerrtem Gesicht ______________ sie einige Schritte rückwärts.
6. Mit jedem Schritt, den der Sohn seinem Vaterhaus näher kam, ______________ seine innere Anspannung.
7. Das Klingeln ______________ sie aus ihren Gedanken, die ihr gerade durch den Kopf schossen.
8. Sie schlichen den Gang entlang, da hörten sie eine männliche Stimme, die sie ______________________ ließ.
9. Sie ließen ihre Blicke über die Fassade des Schlosses ______________ , konnten aber nichts Verdächtiges entdecken.
10. Im menschenleeren Zimmer befand sich ein offener Kamin, in dem ein Feuer ______________ .

gefrieren – wandern – ringen ✓ – taumeln – lodern – durchbohren – reißen – sich verfinstern – zusammenzucken – wachsen

Ü 12

Mit Vergleichen anschaulich erzählen

Ergänze in den angeführten Sätzen die fehlenden Teile! Sie sind im Kästchen am Ende der Übung angeführt.

1. Das letzte bisschen Farbe war aus seinem Gesicht gewichen und seine Haut war nun weiß ____________________________ .
2. In der Einkaufshalle herrschte ein buntes Treiben ____________________________.
3. Er musste sich der Wahrheit stellen, die ihn jeden Tag ____________________________ ____________________________ verfolgte.
4. Vor Anspannung war ihr Hals so ausgetrocknet ____________________________ ____________________________.

5. Mein Freund jaulte auf vor Schmerz und krümmte sich ____.

6. Die Worte, die sie eben aus seinem Mund vernommen hatten, bohrten sich in ihre Herzen ____.

7. Irgendwie wirkte der Agent in dieser Situation ______________________________, der seinen Text schlecht gelernt hatte.

8. Das enge schwarze Kleid schmiegte sich um den Körper der Frau ____.

9. Die Nachricht hatte sie ______________________________ getroffen und sie sank halb benommen auf die Ledercouch.

10. Ein leises Scharren war zu vernehmen und sie blieb ______________________ stehen.

wie ein dunkler Schatten – wie ein Schauspieler – wie Schnee – wie angewurzelt – wie in einem Ameisenhaufen – wie eine Keule – wie ein getretener Wurm – wie eine Wasserlacke in der Wüstensonne – wie tausend Nadelstiche – wie eine zweite Haut

Ü 13

Ausdrucksstarke Formulierungen verwenden

Versuche in den angeführten Sätzen die unterstrichenen Teile noch ausdrucksvoller zu formulieren! Ein Formulierungsvorschlag ist jeweils als Hilfe angeführt.
Achte auf die Erzählzeit Präteritum (Mitvergangenheit)!

Beispiel:
Nachdem sie die schreckliche Nachricht vernommen hatte, begann sie zu weinen.
→ in Tränen ausbrechen
Nachdem sie die schreckliche Nachricht vernommen hatte, brach sie in Tränen aus.

1. Als der Sänger, der soeben von den Geschworenen in allen Punkten für unschuldig erklärt worden war, aus dem Gerichtssaal trat, wurden viele Fotos von ihm gemacht.
→ ein Blitzlichtgewitter ergießt sich über ihn

____

____

____

2. Die Blaulichter der drei Polizeiautos ließen die Hausfassade gespenstisch wirken.
→ die Hausfassade in gespenstisches Licht tauchen

____

____

3. Von einem Moment auf den anderen wurde es im Raum unheimlich still.
→ eine unheimliche Stille macht sich breit

4. Hämisch grinsend warfen die beiden Teenager die Fotos ins Feuer, die sogleich verbrannten. → ein Raub der Flammen werden

5. Ängstlich hastete sie in ihr Zimmer zurück und schlug die Tür hinter sich zu.
→ mit der Angst im Nacken

6. Er hatte die ganze Nacht nicht geschlafen und sich auf der Matratze nur hin und her gewälzt. → kein Auge zumachen

7. Aufgeregt griff er in die Kiste mit dem doppelten Boden. → außer sich vor Aufregung

8. Vater kniete zwischen den Scherben und schaute zu ihm auf, er war sehr wütend.
→ seine Augen funkeln vor Wut

9. Geschockt und stumm sank er in den alten Ledersessel. → sprachlos vor Entsetzen

10. Nach ihrem wilden Streich hatte die Lehrerin geschworen, die Buben in nächster Zeit genau zu kontrollieren. → im Auge behalten

Geschichten fortsetzen

Setzt du den vorgegebenen Beginn einer Geschichte fort, so musst du die bereits erwähnten **Vorgaben unbedingt berücksichtigen**, um stimmig weitererzählen zu können. Dabei können dir folgende Fragen helfen:

- Wie stellt sich die **Situation** dar?
  Welche **Angaben** (Figuren, Schauplatz, Zeit, Stimmung ...) lassen sich herauslesen?
- Gibt es **Vorausdeutungen**, die einen bestimmten Verlauf der Handlung nahelegen?
- Aus welcher **Perspektive** wird erzählt?
- Liegt ein besonderer **Erzählstil** vor? Dieser hängt von der Textsorte ab.
  Ein Märchen wird z. B. anders erzählt als eine Kriminalgeschichte.

Ü 14

Lies dir den angeführten Beginn einer Geschichte genau durch! Unterstreiche und notiere anschließend stichwortartig die darin vorkommenden Vorgaben (Figuren, Schauplatz, Zeitangabe, Stimmung/Situation, Vorausdeutungen, Erzählperspektive!)

Es passierte gegen 7.40 Uhr morgens. Heute frage ich mich, warum ich ausgerechnet an diesem nebeligen Dienstag 20 Minuten später als sonst zur Schule gegangen bin. Auf alle Fälle sah ich auf der Südlichen Parkstraße einen Schatten im Wald verschwinden. Die Straßenbeleuchtung war ausgefallen. (...) Nasskalt war es und düster, kaum etwas zu erkennen. „Hiiillffeee!" Der Angstschrei bohrte sich wie ein Bienenstachel in meine Ohren. Mich hätte fast der Schlag getroffen vor Schreck. Jemand rief um Hilfe – von dort, wo eben der Schatten im Wald verschwunden war. Ich lief los. Sekunden später blickte ich in das kreidebleiche Gesicht ...

Mit Hilfe der Methode des Clusterings (siehe Kapitelbeginn) kannst du Ideen für die Fortsetzung des Beginns einer Geschichte sammeln. Hast du alle Ideen notiert, entwickelst du einen „roten Faden" für deine Fortsetzungsgeschichte. Dazu schreibst du eine Ideenkette zum Erzählverlauf auf.

Beantworte dabei folgende Fragen:

- Wer sind die handelnden Figuren?
- An welchem Schauplatz soll die Handlung deiner Geschichte spielen?
- Worum soll es in der Geschichte gehen? Was ist der Kern der Handlung?
- Wie soll die Geschichte enden (z. B. offenes Ende, Pointe)?

Ü 15

Im Folgenden findest du ein Clustering, das zeigt, welche Ideen ein Schüler zum oben angeführten Erzählanfang gehabt hat.
Bevor er die Ideenkette (den Erzählverlauf) aufgeschrieben hat, hat er mit einem Clustering alle Gedanken, die ihm zur Fortsetzung des Erzählanfangs spontan eingefallen sind, aufgeschrieben. In die Mitte eines Blattes hat er das Wort „Hilfeschrei" notiert und anschließend seinen Einfällen freien Lauf gegeben.

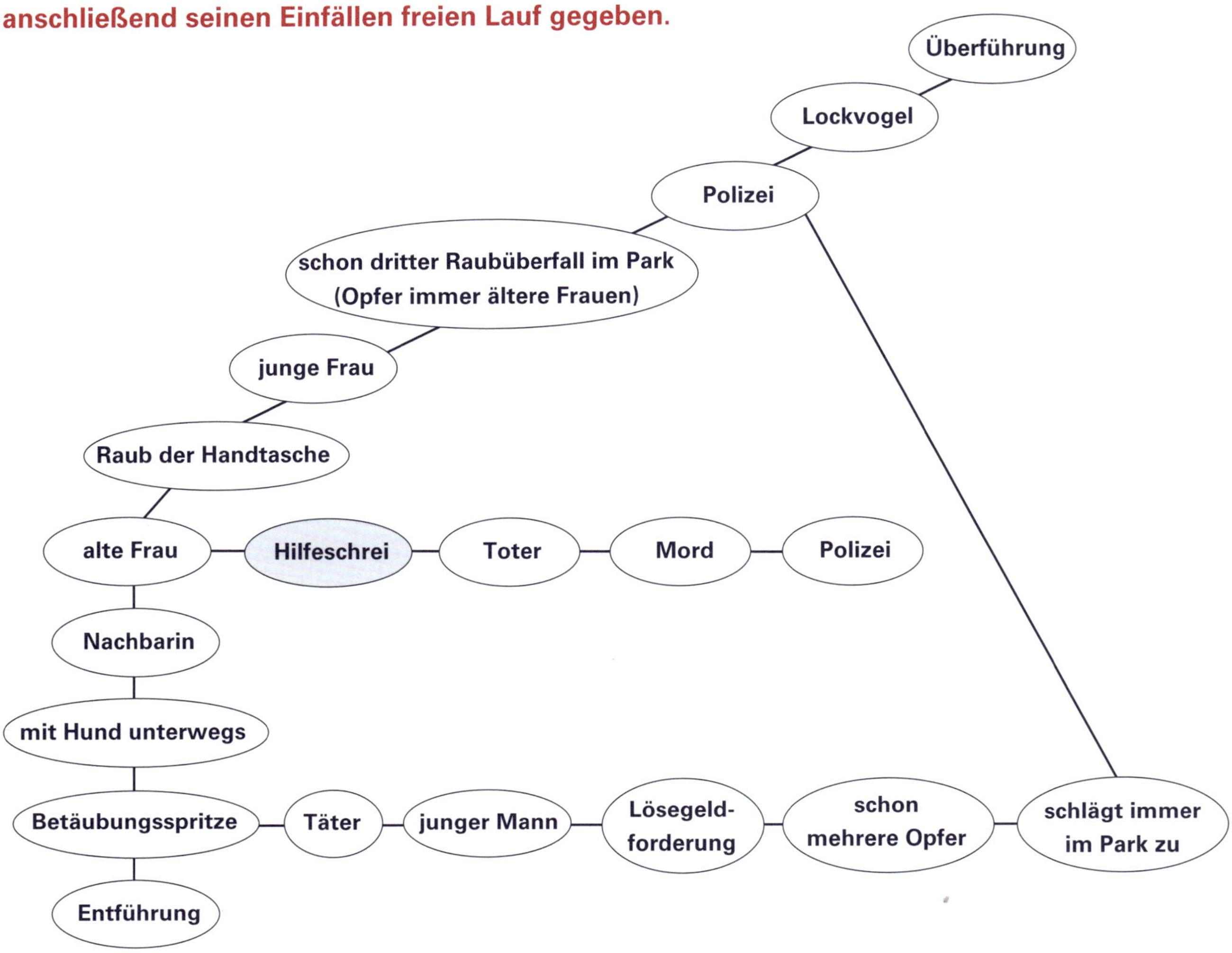

Als weiteren Schritt soll nun daraus ein detaillierter Erzählplan entwickelt werden. Kannst du diese Aufgabe übernehmen? Schreibe den Erzählplan stichwortartig in deinem Übungsheft auf! Du kannst vorher auch Gedanken aus dem Cluster streichen bzw. dazuschreiben! Wenn du willst, kannst du folgenden Beginn eines Erzählplans übernehmen:

Hilfeschrei kommt von älterer Hundebesitzerin – Ich-Erzähler/in blickt in ihr kreidebleiches Gesicht – Todesangst – sie erzählt von Überfall/Entführung ihres ...

Ü 16

Setze nun die in Ü 14 begonnene Geschichte fort!
Nimm den in Ü 15 von dir entwickelten detaillierten Erzählplan als Grundlage oder wähle den Erzählplan aus dem Lösungsteil (L 15)!
Erzähle lebendig, spannend und anschaulich! Versuche die bereits gelernten Punkte aus dem Kapitel „Übungen zum anschaulichen und lebendigen Erzählen" zu beachten!

Ü 17

Lies dir nun durch, wie ein Profi, nämlich die Autorin Susanne Knauss, ihre Geschichte, deren Beginn du in Ü 14 gelesen hast, fortgesetzt hat!
Kreuze danach an, um welche Art von Geschichte es sich handelt:

☐ Fantasiegeschichte ☐ Kriminalgeschichte ☐ Märchen ☐ Erlebnisgeschichte

... Jemand rief um Hilfe – von dort, wo eben der Schatten im Wald verschwunden war. Ich lief los. Sekunden später blickte ich in das kreidebleiche Gesicht von Max Koller, der jeden Morgen hier joggte.
„Da vorne liegt Karl Geier. Er hat sich erschossen!", stammelte Herr Koller.
„Ich ... ich habe ihn gefunden."
Ich rief sofort meine Mutter an. Die verständigte Inspektor Winter von der Kriminalpolizei, der kurz nach meiner Mutter am Tatort erschien. Gegen 7.59 war die Spurensicherung am Werk. Ein Blitzlichtgewitter ergoss sich über Karl Geier, der reglos auf dem Rücken vor uns auf dem Waldboden lag. Seine rechte Hand umklammerte eine Pistole. Aus einem kleinen Loch in der linken Brusttasche seiner Joggingjacke sickerte Blut. Ein Zettel lugte ein wenig aus der Brusttasche hervor. Zehn Minuten später trafen Uwe und Gerda Geier, Karls Geschwister, im Park ein.
„Uwe, du elender Erbschleicher, du Abschaum!", schrie Gerda zornig, als sie Karl liegen sah. „Das ist dein Werk, Uwe! Karl würde niemals Selbstmord begehen. Du warst ihm die Firmenleitung von Anfang an neidig. Karl war reich und gesund. Die Geschäfte liefen prächtig."
Meine Mutter musste die junge Frau zurückhalten, sonst hätte sie Uwe die Augen ausgekratzt. Mama zog jetzt vorsichtig den Zettel aus der Joggingjacke des Toten, entfaltete das weiße Papier und las vor:

Meine Lieben!
Wie es in einem Menschen wirklich aussieht, ist äußerlich oft nicht zu erkennen.
Mein Leben ist eigentlich nur ein Kampf um Geld und Macht – ein Jammer.
Euer Karl

„Das glaube ich einfach nicht!", rief Gerda. „Karl hatte nicht den geringsten Grund, sich umzubringen. Er war ein lebensfroher Mensch, immer zu Späßen aufgelegt. Natürlich lag die Verantwortung für die Firma bei ihm, nachdem ihm Vater die alleinige Leitung übertragen hatte."
Einer der Spurensicherer trat neben Inspektor Winter: „Auf der Waffe sind nur die Fingerabdrücke des Toten."
Uwe sagte, dass Karl jeden Morgen um diese Zeit joggen gegangen sei. Nur dann hätte er sich für den Arbeitstag fit gefühlt.
Inspektor Winter wollte gerade neue Anweisungen geben, da blickte ich noch einmal auf den „Abschiedsbrief" und mir wurde alles klar. „Sie können Ihre Männer ruhig nach Hause schicken, Herr Inspektor", sagte ich. „Der Selbstmord ist nur vorgetäuscht."
Mama und Inspektor Winter sahen mich verwundert an.
„Ja, ist es euch nicht aufgefallen?", fragte ich. „Wäre der Abschiedsbrief zum Zeitpunkt des Selbstmordes in Karls Brusttasche gesteckt, müsste er ein Loch von der Kugel haben. Er ist aber ganz und wurde somit vom Mörder, meiner Meinung nach Uwe, der die Firma selbst leiten wollte, erst hinterher dort deponiert. Ebenso steckte er die Waffe in die Hand seines Bruders, damit es wie Selbstmord aussieht."

„Du und wir – eine nicht ganz alltägliche Geschichte", leicht verändert, aus: Susanne Knauss: Spion X, G&G Verlagsgesellschaft mbH, Wien 2009.

Erzählen aus anderer Perspektive

- Geht es darum, eine Geschichte aus einer anderen Perspektive zu erzählen, so musst du dich **in eine andere Figur hineinversetzen**! Es muss deutlich werden, wie diese andere **Figur die Ereignisse wahrnimmt und bewertet**.
  Informiere den Leser/die Leserin über **ihre Gedanken und Gefühle**!
  Erzähle aber nur, was sie wirklich wissen kann! Der **Inhalt** und der **Verlauf der Geschichte dürfen nicht verändert werden**! Halte dich also an die Fakten!
- Wähle die **Ich-Perspektive** oder erzähle aus der **Sicht eines personalen Erzählers** in der Er-/Sie-Form! Setze alle dir bekannten Erzählmittel ein!
- Zur Vorbereitung kannst du im Ausgangstext markieren, wie der Erzähler/die Erzählerin die Ereignisse beurteilt, wie er/sie über sie denkt!

Ü 18

Lies dir die folgende Kurzgeschichte mit einer Pointe am Ende genau durch! Unterstreiche danach jene Passagen, in denen man etwas darüber erfährt, wie die personale Erzählerin die Ereignisse beurteilt und empfindet bzw. wie sie darüber denkt! *

Bankräuberin wider Willen

Etwas abgeschlagen, aber zufrieden saß Monika mit ihrem Mann Ernst im ersten Stock eines Wiener Kaffeehauses und genoss ihren Cappuccino. Am Vormittag hatten sie Weihnachtseinkäufe erledigt. Nach all der Hektik in den übervollen Geschäften tat den beiden Pensionisten die Ruhe nun gut.

Monikas Lippen fühlten sich rau an. Sie kramte deshalb in ihrer Handtasche nach einem Lippenbalsam. Plötzlich rief sie überrascht: „Den habe ich ja vollkommen vergessen! Schon vor einer Woche habe ich ihn ausgefüllt!"

Ihr Mann warf ihr einen fragenden Blick zu.

„Na, den Erlagschein für die Aktion ‚Licht ins Dunkel' – den habe ich noch nicht eingezahlt. Das muss ich heute unbedingt noch nachholen", setzte sie fort.

„Das trifft sich gut. Gleich gegenüber ist eine Bank", meinte ihr Mann.

So beschloss sie, die Sache sofort zu erledigen. Es war ihr ein echtes Bedürfnis, für Bedürftige zu spenden. In der Adventzeit gehörte das für sie einfach dazu. Ernst versprach, solange im Café auf sie zu warten und sich die Zeit mit dem Lösen von Sudokus zu vertreiben. Es sollte ja nicht lange dauern …

Schnell zog Monika sich ihren Mantel an, gab ihrem Mann einen flüchtigen Kuss auf die Wange und ging die Stiege hinunter.

Bevor sie die Bank betrat, drehte sie sich noch einmal um und winkte Ernst, der am Fenster saß und in dem Moment gerade zu ihr herübersah, kurz zu. Zielstrebig marschierte sie zum nächsten freien Schalter, an dem eine schlanke, blonde Frau um die vierzig ihren Dienst versah. Monika grüßte, holte einen 100-€-Schein aus ihrer Brieftasche und reichte ihn mit dem zusammengefalteten Erlagschein der Bankangestellten. Sie registrierte zwar, dass auf der Rückseite des Zahlscheines etwas geschrieben stand, da sie aber ihre Brille im Café liegen gelassen hatte, konnte sie die Worte nicht entziffern. Außerdem war es ja nicht von Belang.

Warum die Schalterdame aber von einem Moment auf den anderen kreidebleich im Gesicht wurde, war für sie unerklärlich. Außerdem begannen ihre Finger zu zittern

* Genauere Informationen zur Textsorte Kurzgeschichte findest du in „Aufsteigen in Deutsch – Texte verfassen 3", G&G Verlagsgesellschaft mbH, Wien 2010.

und sie blickte sich nervös um. Langsam ließ sie ihre rechte Hand unter dem Pult verschwinden, um sie gleich danach wieder hervorzuholen. Was war nur mit ihr los? Fühlte sie sich nicht wohl? Sonderbarerweise begann sie danach langsam ein Geldbündel nach dem anderen – bestehend aus 100-€-Banknoten – vor Monika aufzustapeln. Die war sprachlos vor lauter Verwirrung. Sie konnte sich keinen Reim darauf bilden, was das eigentlich werden sollte. Sie wollte einen Erlagschein einzahlen, aber kein Geld abheben! Sie war gerade im Begriff etwas zu sagen, als sie aus dem Augenwinkel wahrnahm, wie sich alle Bankkunden und –bediensteten auf den Boden legten – ausgenommen die sie bedienende Schalterfrau. Sie legte weiterhin Geldbündel um Geldbündel auf den Schaltertisch. Was ging da vor sich? Jetzt wurde ihr mulmig zumute. Im nächsten Augenblick hörte sie schon lautes Sirenengeheul. Sie drehte sich um und sah, wie mehrere Einsatzfahrzeuge der Polizei mit quietschenden Reifen und Blaulicht vor dem Geldinstitut stehen blieben. Deren Türen wurden aufgerissen und die herausspringenden Beamten verschanzten sich sogleich mit gezückten Pistolen hinter ihren Autos. Einer von ihnen hielt ein Megaphon in der Hand und sprach: „Verlassen Sie die Bank mit erhobenen Händen! Lassen Sie Ihre Handtasche zurück! Jeder Fluchtversuch ist zwecklos!“

Monika war nicht klar, wer gemeint war.

„Los, ergeben Sie sich! Sie haben keine Chance“, rief ihr plötzlich die blonde Schalterdame zu.

Jetzt fiel es ihr wie Schuppen von den Augen: Man meinte sie! Das konnte doch nicht ihr Ernst sein! Sie und eine Bankräuberin! In welchen schlechten Film war sie da nur geraten? Aber schließlich machte sie, was man von ihr verlangte. Draußen wurde sie sofort von mehreren Polizisten umringt. So schnell konnte sie gar nicht schauen, hatte man ihr schon Handschellen angelegt. Sie fühlte sich einer Ohnmacht nahe.

„Oma, ist die Bombe denn scharf?“, fragte sie ein junger Polizist spöttisch.

Sie sah ihn nur verständnislos an. „Welche Bombe?“, presste sie schließlich leise hervor.

„Na, die in Ihrer Handtasche!“, schrie er sie ungeduldig an.

Monika schüttelte nur den Kopf. In diesem Moment trat ein Mann in einem weißen Overall und einem Spezialhelm aus dem Geldinstitut. „Fehlalarm!“, rief er. „Es gibt keine Bombe!“

Unter den zahlreichen Schaulustigen, die sich angesammelt hatten, und unter den Bankangestellten und -kunden, die das Geldinstitut nach Monika verlassen hatten, brach lauter Jubel aus. Monika wollte nun wissen, was hier eigentlich gespielt wurde. Da winkte einer der Polizisten die blonde Bankangestellte herbei. Sie zeigte den Erlagschein, auf dessen Rückseite in Blockbuchstaben geschrieben stand: „Das hier ist ein Überfall! Alles Geld her! Ich habe eine Bombe!“ Monika hatte ihn in ihrer Bank mitgenommen. Jemand musste sich da einen besonders üblen Spaß erlaubt haben ...

Ü 19

Im Folgenden wird die in Ü 18 angeführte Geschichte in der Er-Form nochmals aus der Sicht des Ehemanns der Frau erzählt. Es handelt sich also um einen personalen Erzähler. Lies dir die Kurzgeschichte genau durch! Du wirst dabei feststellen, dass Textstellen, die darlegen, wie der Erzähler die Ereignisse beurteilt und empfindet bzw. wie er darüber denkt, fehlen. Sie sind im Anschluss an den Text im Kästchen angeführt.
Wo sie allerdings einzufügen sind, musst du herausfinden!
Schreibe die richtigen Zahlen in die Quadrate!

Verheiratet mit einer Bankräuberin?

Ernst saß in einem Wiener Kaffeehaus, genoss seinen Cappuccino und versuchte nebenbei ein kniffliges Sudoku zu lösen. Seit er vor etwas mehr als zwei Jahren in Pension gegangen war, war dies eine seiner täglichen Beschäftigungen. Damit wollte er sein Gehirn trainieren.

Gemeinsam mit seiner Frau hatte er am Vormittag Weihnachtseinkäufe erledigt.

Vor Kurzem hatte sie allerdings das Café verlassen, um im gegenüberliegenden Geldinstitut einen Erlagschein für die Aktion „Licht ins Dunkel“ einzuzahlen.

Beim Herumkramen in ihrer Tasche hatte sie ihn entdeckt. Schon vor einer Woche hatte sie ihn einzahlen wollen, aber vollkommen darauf vergessen. ☐ Er hatte versprochen, solange im Kaffeehaus auf sie zu warten. Bevor sie die Bank betreten hatte, hatte sie sich kurz noch einmal umgedreht und ihm zugewinkt. Am Fenster sitzend hatte er ihr zurückgewinkt. Seitdem widmete er sich seinem kniffligen Sudoku.

Plötzlich vernahm er lautes Sirenengeheul, das immer näher kam, und blickte aus dem Fenster. Da hielten auch schon mehrere Einsatzwagen der Polizei mit quietschenden Reifen und eingeschaltetem Blaulicht direkt vor der Bank. Mindestens zehn Polizisten sprangen heraus und verschanzten sich mit gezückten Pistolen hinter ihren Autos. ☐

Ernst sprang hastig hoch und stieß dabei die Kaffeetasse um. Er schnappte sich seinen Mantel und rannte Hals über Kopf auf die Straße. Dort hatten sich bereits zahlreiche Schaulustige versammelt. Von Monika war weit und breit nichts zu sehen.

Der Eingang zur Bank war im Umkreis von zehn Metern von den Polizisten abgeriegelt worden. An ein Durchkommen war nicht zu denken. „Meine Frau befindet sich in der Bank. Lassen Sie mich durch!“, rief er verzweifelt und versuchte sich an einem Polizisten vorbeizudrängen.

Der hielt ihn zurück und sagte: „Beruhigen Sie sich! Wir tun unser Möglichstes! Bleiben Sie bitte hier stehen!“

Ein anderer Polizist sprach über Megaphon: „Verlassen Sie die Bank mit erhobenen Händen! Lassen Sie Ihre Handtasche zurück! Jeder Fluchtversuch ist zwecklos!“ ☐

Einige Sekunden geschah gar nichts. Dann öffnet sich die Tür zur Bank und mit langsamen Schritten und erhobenen Händen marschierte Monika heraus. ☐

Danach ging alles sehr schnell: Seine Frau wurde von einigen Polizisten umringt, Handschellen wurden ihr angelegt. ☐ Am Rande registrierte er, wie unmittelbar nach seiner Frau Bankkunden und –bedienstete mit erleichterten Gesichtern aus dem Geldinstitut marschierten. Gleich darauf betrat ein Mann in weißem Overall und Spezialhelm die Bank. ☐ Wenige Minuten später kam der Bombenexperte mit der Handtasche seiner Frau aus der Bank. Er rief: „Fehlalarm! Es gibt keine Bombe!“

Lauter Jubel brandete unter den Umstehenden auf. Ernst beobachtete, wie eine blonde Frau mit einem Zettel zu den Polizisten und seiner Frau trat. Da er zu weit entfernt war, konnte er nicht verstehen, was gesprochen wurde. Aber er glaubte in dem Schriftstück einen Erlagschein erkennen zu können.

In einem unbeobachteten Moment drängte er sich am Polizisten vorbei und stürzte zu Monika. Er umarmte sie liebevoll, während sie von einem heftigen Weinkrampf geschüttelt wurde. Erst nach einigen Minuten konnte sie ihn aufklären: Auf die Rückseite des Erlagscheins hatte ein Spaßvogel mit Blockbuchstaben „Das hier ist ein Überfall! Alles Geld her! Ich habe eine Bombe!" geschrieben.

Seine Frau hatte das aber nicht bemerkt …

Einzufügende Textstellen:

1. War es ein Bombenexperte? Was um Himmel willen ging hier eigentlich vor? Ernst schnappte aus den Gesprächen der Schaulustigen die Wortfetzen „Frau mit Bombe" und „versuchter Banküberfall" auf.
2. Monika! Das durfte doch nicht wahr sein! Ernst glaubte seinen Augen nicht zu trauen.
3. Was war da los? Monika war noch immer in der Bank! War sie in einen Banküberfall geraten?
4. Ernst zitterte am ganzen Körper. Was, wenn er seine Frau nicht mehr lebend wiedersah? Er versuchte diesen Gedanken, der sich wie eine schwarze Wolke über ihn legte, nicht weiterzuspinnen.
5. Kurz darauf bemerkte er, wie die Entgeisterung augenblicklich aus Monikas Gesicht wich. Jetzt gab es für ihn kein Halten mehr. Er musste zu seiner Frau!
6. Ernst hatte das Gefühl, als stünde er auf schwankendem Boden. Er war fassungslos. Seine Frau war doch keine Bankräuberin! Zumindest hatte er das bisher geglaubt. Er wollte ihr etwas zurufen, seine Stimme aber versagte.
7. Ja, ja, Monikas Vergesslichkeit! Die hatte in letzter Zeit deutlich zugenommen. Ansprechen durfte er sie darauf aber nicht. Da konnte sie richtig grantig werden.

Beantworte nun kurz folgende Fragen zur Geschichte!

a) Ist die Sicht der Figur, in die sich der Verfasser des Textes hineinversetzt, nachvollziehbar dargestellt?

b) Erzählt der personale Erzähler nur das, was er wissen kann?

c) Bleiben die Ereignisse und deren Reihenfolge gleich oder werden grobe Veränderungen vorgenommen?

d) Wird die Erzählperspektive (personaler Erzähler in der Er-Form) durchgehend durchgehalten?

Ü 20

Erzähle die in Ü 18 angeführte Geschichte nun in der Ich-Form aus der Sicht der Bankangestellten! Informiere ausführlich über ihre Gedanken und Gefühle!

5 Tipps für das Verfassen erzählender Texte

Tipp 1 Nutze die **Technik des Clusterings**, um **Erzählideen** zu sammeln!

Tipp 2 Beachte die **besonderen Merkmale** der verschiedenen **erzählenden Texte**! Eine Kurzgeschichte weist zum Beispiel andere Kennzeichen auf als eine Erlebnisgeschichte oder ein Märchen.

Tipp 3 Geschichten lassen sich aus **verschiedenen Perspektiven**, die typische Kennzeichen aufweisen, erzählen. Beachte, dass es neben dem Ich-Erzähler noch den auktorialen, personalen und neutralen Erzähler gibt!

Tipp 4 **Einleitungen** von Geschichten können auf verschiedene Weise gestaltet werden. Es muss nicht immer nur die **Wer-, Wann-, Wo-Einleitung** sein. Du kannst deine Geschichte auch mit einer **wörtlichen Rede** oder einer **Frage** beginnen. Ebenso ist es möglich, am Beginn ein **Bild** zu entwickeln bzw. eine **Szene** wiederzugeben. Das erzeugt Atmosphäre.

Tipp 5 Gestalte deine Geschichten **fesselnd, interessant, spannend, lebendig und anschaulich**! Dies erreichst du auf folgende Weise:

Aufbau und Inhalt

- Erzähle **ein Erlebnis bzw. Ereignis ausführlich** und **anschaulich**!
- Erzähle den **Höhepunkt der Geschichte** – den wichtigsten Teil der Geschichte – **in Zeitlupe**! Steigere die Spannung in mehreren Erzählschritten!
- Halte die **Einleitung** und den **Schluss** der Geschichte **kurz** und raffe Teile der Geschichte, die knapp erzählt werden sollen!
- Lasse die Figuren in **wörtlichen Reden** sprechen! Stelle ihre **Gedanken, Gefühle und Empfindungen** dar!
- **Beschreibe wichtige Figuren** und **Schauplätze** näher! Gib **Sinneseindrücke** wieder!

Sprachliche Gestaltung

- Baue **Frage- und Ausrufesätze** in deine Geschichte ein!
- Verwende **anschauliche Verben und treffende Adjektive** sowie **Umstandsbestimmungen der Art und Weise**!
- Setze **Vergleiche** ein und versuche mit gezielt und sparsam eingesetzten **Ellipsen** eine eindringliche Wirkung zu erzeugen bzw. Wichtiges hervorzuheben!

Zusätzliche Themen zum Üben

Im Folgenden handelt es sich um Erzählformen, die du schon aus der 1. bis 3. Klasse AHS/HS kennst. Sie werden nochmals in aller Kürze wiederholt.

Bilderzählung

Lass dir zu den angeführten Bildern Geschichten einfallen!
Erzähle lebendig und anschaulich!
Die Erzählperspektive kannst du frei wählen.

Beachte dabei folgende Grundsätze:

Das vorgegebene Bild soll dich zu einer Geschichte anregen. Betrachte es genau!
Achte auf Details, wie Figuren und deren Haltung sowie Tätigkeit, Schauplatz, Zeit ...!
An einer beliebigen Stelle in deiner Geschichte muss der Inhalt des Bildes vorkommen. Einzelheiten wie Namen, Ort, Zeit, weitere Umstände, Vorgeschichte und vieles mehr sollen von dir erfunden werden.
Achtung! Es handelt sich um keine Bildbeschreibung.

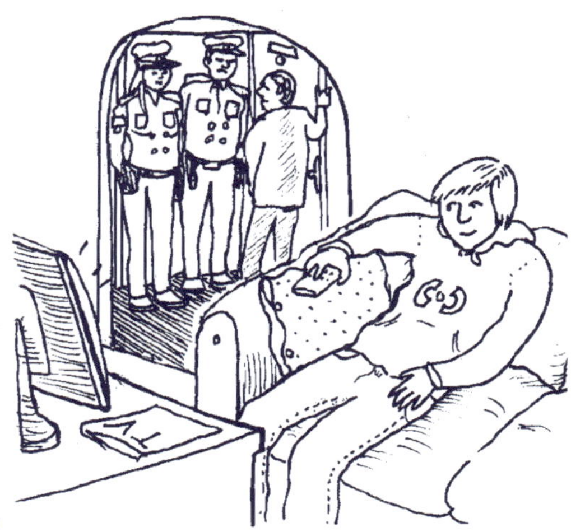

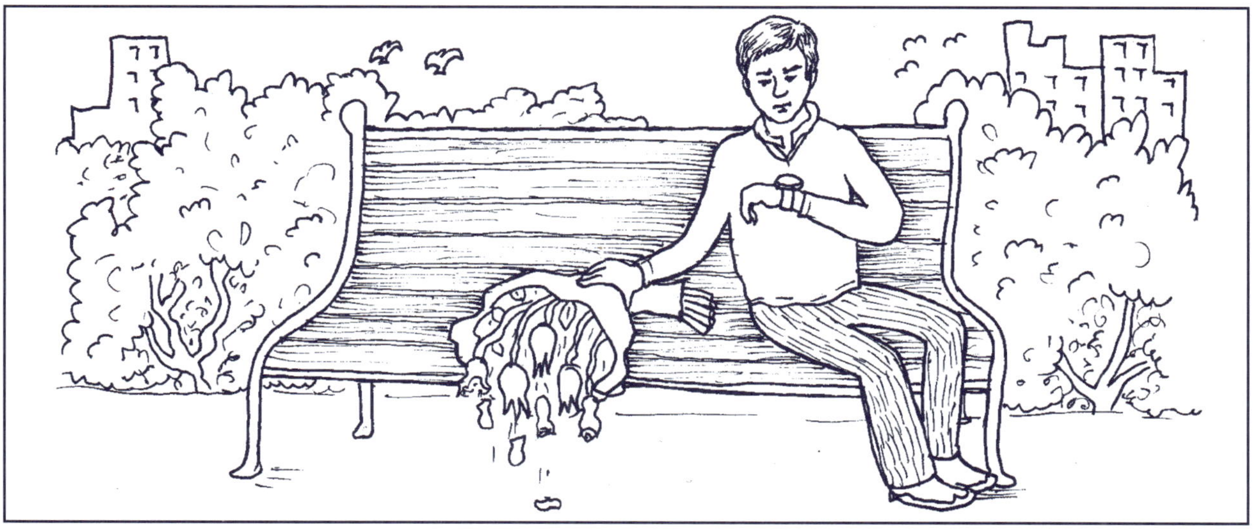

Bildgeschichte

Wandle die Bilderfolge in eine Geschichte um!
Erzähle aus der Sicht eines auktorialen Erzählers oder in der Ich-Form!
Achte auf Lebendigkeit und Anschaulichkeit! Schreibe ein versöhnliches Ende!

Beachte dabei folgende Grundsätze:

- Die gezeichneten Bilder erzählen eine Geschichte, die du in Worte fassen sollst.
- Die Reihenfolge der Bilder muss genau eingehalten werden und das vorgegebene Thema/der Inhalt darf nicht verändert werden.
- Achte auf die Details in den Bildern und erzähle auch, was zwischen den Bildern passiert!
- Deine erzählte Geschichte muss man, auch ohne die Bilder zu kennen, verstehen können.
- Ergänzungen wie Namen, Orte und Zeit kannst du selbst dazuerfinden.
  Eine passende Vor- und Nachgeschichte kannst du ergänzen.

Einen Erzählkern ausgestalten

Gestalte den angeführten Erzählkern zu einer ausführlichen Geschichte aus!
Die Erzählperspektive kannst du frei wählen. Achte auf Lebendigkeit und Anschaulichkeit!
Vielleicht gelingt es dir, am Ende der Geschichte eine Pointe einzubauen.

Beachte dabei folgende Grundsätze:

- Ein Erzählkern ist ein knapper, aussagekräftiger Bericht, der das Gerüst für den Handlungsverlauf deiner Geschichte darstellt und von dir ausgestaltet werden soll.
- Die Vorgaben wie Personen, Ort, Zeit und Handlungshinweise musst du genau beachten und darfst sie nicht ändern.
- Du kannst aber die Handlung mit eigenen Ideen erweitern.
- Erzählform und Erzählperspektive kannst du in der Regel frei wählen.

Da er nicht zu spät zur Schule kommen wollte, schnappte sich ein zwölfjähriger Wr. Neustädter Freitagfrüh das Auto seines Vaters, der auf Dienstreise war.
Der Bub verlor auf dem Weg zum Unterricht die Kontrolle über das Fahrzeug und fuhr gegen einen Baum. Gegenüber der Polizei erklärte der Bub, er hätte eigentlich keine Schwierigkeiten mit dem Fahren gehabt. Er habe seinem Vater bei der Bedienung der Automatik oft zugeschaut.

Fortsetzungsgeschichte

Setze einen der angeführten Geschichtenanfänge fort!
Lass dir auch eine passende Überschrift einfallen!

Beachte dabei folgende Grundsätze:

- Die Vorgaben wie Personen, Ort, Zeit und Handlungshinweise musst du genau beachten und darfst sie nicht ändern.
- Du kannst aber die Handlung mit eigenen Ideen erweitern.

A

Genau in dem Moment, in dem Prof. Huber die Kreide an der Tafel ansetzte, um die Mathematik-Hausübung aufzuschreiben, läutete Benjamins Handy. Der wurde starr vor Schreck. Langsam drehte sich der Lehrer um. Seine Augen hatten sich zu zwei Schlitzen verengt. In der Klasse wurde es augenblicklich mucksmäuschenstill.
Alle Blicke konzentrierten sich auf Benjamin – auch jener von Prof. Huber ...

B

„Sieh dir das wunderbare Panorama an! Ist es nicht beeindruckend?“, meinte Susanne. Sie stand gemeinsam mit ihrem Ehemann auf dem 15 Meter hohen Aussichtsturm auf ihrem Hausberg. Martin aber schien dies alles nicht zu interessieren. Er hatte seine Augen direkt auf seine Ehefrau gerichtet und fixierte sie mit starrem Blick ...

C

Es war jeden Tag nach Unterrichtsschluss das gleiche Spiel. Da gab es kein Entrinnen. Maximilian und seine Freunde warteten am Schultor auf mich ...

D

Es dämmerte bereits, als ich den ungepflegten Vorgarten betrat. Das Haus sah sehr baufällig aus – wie fast alle Häuser in dieser heruntergekommenen Gasse.
Einige Fensterscheiben waren eingeschlagen und von den Mauern blätterte bereits der Verputz. Ich wurde unsicher und fragte mich, ob ich mich vielleicht in der Adresse geirrt hatte. Nein! Laut Hausnummernschild war ich richtig. Ich ging die wenigen Stufen hoch zur Eingangstür. Da keine Glocke zu finden war, klopfte ich laut. Es rührte sich nichts. Ich klopfte erneut. Wieder keine Reaktion! Schließlich drückte ich die Klinke der Haustür hinunter. Sie ging langsam auf und ...

Reizwortgeschichte

Verfasse eine Reizwortgeschichte!
Wähle dazu aus den angeführten Möglichkeiten!
Lass dir auch eine passende Überschrift einfallen!

Beachte dabei folgende Grundsätze:

- Alle vorgegebenen Reizwörter müssen in deiner Geschichte sinnvoll eingebaut werden, die Reihenfolge ist egal.
- Da die Wörter bereits in einem Zusammenhang stehen, müssen sie von dir nur mit einer guten Idee verbunden werden.

a) Zigaretten – Gartenhäuschen – Feuerwehr

b) Einkaufscenter – Diebstahl – Polizei

c) Winter – See – eislaufen

d) Silvester – Rakete – Hund – weggelaufen

e) E-Mail – Überraschungsparty – verliebt – Geschenk

f) Fahrstuhl – Stromausfall – Störung – Rettung in letzter Sekunde

Exzerpt und Kurzfassung

Als **Exzerpt** bezeichnet man einen **stichwortartigen, übersichtlich gestalteten Auszug** eines Textes. Man fasst das **Wesentliche** zusammen. Vor dem Verfassen einer Kurzfassung ist es hilfreich, ein Exzerpt zu erstellen.

Als **Kurzfassung** bezeichnet man die **Zusammenfassung des Inhalts eines Sachtextes** auf ca. ein **Drittel** seines Umfanges. Die **Sätze** sind **ausformuliert**.

Vorgangsweise beim Erstellen eines Exzerpts

- Versuche beim ersten Durchlesen des Textes einen **groben Überblick** zu gewinnen!
- Lies den Text danach mehrmals durch und **kläre die Bedeutung** von dir **unbekannten Wörtern** mit Hilfe eines Lexikons, des Wörterbuches oder mit Hilfe einer Suchmaschine im Internet!
- Filtere die **wichtigsten Informationen** aus dem Text heraus!
  Zum Herausfiltern der wichtigsten Information stehen dir zwei Methoden zur Verfügung.

  a. Markierungsmethode:
  - Unterstreiche oder markiere die wichtigsten Begriffe (= Schlüsselbegriffe) bzw. die wesentlichen Fakten! Unterstreiche bzw. markiere aber nicht zu viel! Es ist keine Hilfe für dich, wenn alles bunt angestrichen ist. Weniger ist oft mehr!
  - Wähle auch nicht zu viele Farben! Beschränke dich auf 2–3 Farbtöne, z. B. gelb für allgemeine Informationen, grün für Namen und Begriffe, rosa für Jahreszahlen.

  b. Wegstreichmethode:
  - Streiche in jedem Absatz alle überflüssigen, ausschmückenden, nebensächlichen Einzelheiten weg, sodass nur das Wesentliche stehen bleibt!
- Notiere danach von jedem Abschnitt (meist ein Absatz) die wichtigsten Stichworte auf einem Zettel! Textstellen, die ausschmückend sind oder nur Beispiele anführen, lässt du weg.
- Sollten keine Teilüberschriften vorhanden sein, so überlege dir für die einzelnen Abschnitte welche! Sie sollten mit wenigen Worten den Inhalt kurz zusammenfassen.
- Gestalte dein Exzerpt übersichtlich! Füge Aufzählungszeichen und Nummerierungen ein! Schreibe Teilüberschriften mit Farbe oder unterstreiche sie färbig!

Vorgangsweise beim Erstellen einer Kurzfassung

- Bevor du die Kurzfassung eines Textes schreibst, musst du ein **Exzerpt** erstellen!
- Beim Erstellen einer Kurzfassung musst du darauf achten, dass die Textvorlage **auf etwa ein Drittel ihres Umfanges gekürzt** werden soll.
- Die Textvorlage sollte aber vom Anfang bis zum Schluss **gleichmäßig gekürzt** werden!
- Der gekürzte Text muss dabei als **Gesamttext** (in ganzen Sätzen) lesbar sein.
- Achte darauf, dass du den Inhalt des Textes trotz Verkürzung **richtig wiedergibst**! Fakten dürfen nicht verändert oder interpretiert werden. Du darfst **keine eigene Meinung** einfließen lassen!
- Aufbau, Zeitform und die stilistischen **Eigenheiten des Textes müssen erhalten bleiben**! Trotzdem darfst du nicht ganze Teile aus der Vorlage abschreiben. Schreibe **in eigenen Worten**!
- Direkte Rede muss in **indirekte Rede umgewandelt** werden. Achte dabei auf die Verwendung des Konjunktivs!

Ü 21

Lies den Sachtext „Weihnachten nicht ohne Christbaum" mehrmals genau durch!

- Kläre dir eventuell unklare Begriffe mit einem Lexikon/Wörterbuch/einer Suchmaschine im Internet!
- Filtere die wesentlichen Informationen heraus (Exzerpt), indem du sowohl die Markierungs- als auch die Wegstreichmethode anwendest! Im jeweils ersten Abschnitt wurde das bereits gemacht.
- Für den ersten Abschnitt gibt es keine Überschrift. Lass dir eine einfallen und ergänze sie!

Markierungsmethode:

Weihnachten nicht ohne Christbaum

____

In unserem Heimatland Österreich gehört der Christbaum zum Weihnachtsfest genauso dazu wie Geschenke und gutes Essen. Festlich mit Kerzen, bunten Kugeln, Strohsternen, Süßigkeiten und vielem mehr geschmückt, sorgt er am Heiligen Abend und an den darauffolgenden Feiertagen für weihnachtliche Stimmung. In ca. zwei Drittel aller österreichischen Haushalte wird alljährlich ein Christbaum aufgestellt, insgesamt sind es um die 2,4 Millionen Nadelbäume. Am beliebtesten unter ihnen ist die Nordmanntanne, Fichten und Föhren findet man eher selten in den österreichischen Wohnzimmern. 85 Prozent der in Österreich verkauften Christbäume stammen aus heimischer Produktion, die restlichen 15 Prozent kommen aus Dänemark und Deutschland oder werden aus unseren östlichen Nachbarländern importiert. (106 Wörter)

Christbäume aus der Heimat

Die Österreicherinnen und Österreicher denken mittlerweile auch beim Kauf eines

Christbaums immer ökologischer und greifen mehrheitlich zu heimischen Bäumen. Sie erhalten damit frischere Tannen, Fichten und Föhren, die ihre Nadeln deutlich länger behalten als aus dem Ausland eingeführte Bäume, weil sie nicht so lange Transportwege hinter sich haben. Außerdem tragen sie, indem sie sich bewusst für Nadelbäume aus heimischer Produktion entscheiden, aktiv zum Klimaschutz bei und fördern auf diese Weise die regionale Waldwirtschaft.
Ca. 40 Prozent unserer Landsleute erwerben ihren Christbaum bereits direkt am Bauernhof und haben damit eine hundertprozentige Herkunftsgarantie. Der Rest kauft ihn unter anderem in den zahlreichen Baumärkten oder an Ständen, wo sich anhand von speziellen Baumschleifen, die ein Gütesiegel für österreichische Qualität darstellen, leicht feststellen lässt, ob er aus heimischer Produktion kommt bzw. von welchem Bauern er stammt. Jedes einzelne Bundesland hat übrigens seine eigene, besondere Baumschleife.
Ungefähr 80 Prozent aller österreichischen Christbäume werden schon nach ökologischen Richtlinien angebaut. Das bedeutet, dass sie unter naturschonenden Bedingungen produziert werden und man auf Grundsätze des Umweltschutzes und ökologische Erkenntnisse Acht gibt. So wird z. B. auf den Einsatz schädlicher Pflanzenschutzmittel und Gentechnik verzichtet.

(186 Wörter)

Wegstreichmethode:

Weihnachten nicht ohne Christbaum

____

~~In unserem Heimatland Österreich gehört der Christbaum zum Weihnachtsfest genauso dazu wie Geschenke und gutes Essen. Festlich mit Kerzen, bunten Kugeln, Strohsternen, Süßigkeiten und vielem mehr geschmückt, sorgt er am Heiligen Abend und an den darauffolgenden Feiertagen für weihnachtliche Stimmung.~~
~~In ca.~~ zwei Drittel aller österreichischen Haushalte ~~wird alljährlich ein~~ Christbaum ~~aufgestellt,~~ insgesamt ~~sind es um die~~ 2,4 Millionen Nadelbäume. Am beliebtesten ~~unter ihnen ist die~~ Nordmanntanne~~, Fichten und Föhren findet man eher selten in den österreichischen Wohnzimmern.~~ 85 Prozent der in Österreich verkauften Christbäume ~~stammen~~ aus heimischer Produktion, ~~die restlichen~~ 15 Prozent ~~kommen aus~~ Dänemark ~~und~~ Deutschland ~~oder werden aus unseren~~ östlichen Nachbarländern ~~importiert.~~
(106 Wörter)

Christbäume aus der Heimat

Die Österreicherinnen und Österreicher denken mittlerweile auch beim Kauf eines Christbaums immer ökologischer und greifen mehrheitlich zu heimischen Bäumen. Sie erhalten damit frischere Tannen, Fichten und Föhren, die ihre Nadeln deutlich länger behalten als aus dem Ausland eingeführte Bäume, weil sie nicht so lange Transportwege hinter sich haben. Außerdem tragen sie, indem sie sich bewusst für Nadelbäume aus heimischer Produktion entscheiden, aktiv zum Klimaschutz bei und fördern auf diese Weise die regionale Waldwirtschaft.
Ca. 40 Prozent unserer Landsleute erwerben ihren Christbaum bereits direkt am Bauernhof und haben damit eine hundertprozentige Herkunftsgarantie. Der Rest kauft ihn unter anderem in den zahlreichen Baumärkten oder an Ständen, wo sich

anhand von speziellen Baumschleifen, die ein Gütesiegel für österreichische Qualität darstellen, leicht feststellen lässt, ob er aus heimischer Produktion kommt bzw. von welchem Bauern er stammt. Jedes einzelne Bundesland hat übrigens seine eigene, besondere Baumschleife.
Ungefähr 80 Prozent aller österreichischen Christbäume werden schon nach ökologischen Richtlinien angebaut. Das bedeutet, dass sie unter naturschonenden Bedingungen produziert werden und man auf Grundsätze des Umweltschutzes und ökologische Erkenntnisse Acht gibt. So wird z. B. auf den Einsatz schädlicher Pflanzenschutzmittel und Gentechnik verzichtet. (186 Wörter)

Ü 22

Setze das begonnene Exzerpt zum Sachtext „Weihnachten nicht ohne Christbaum" fort! Notiere dazu die herausgefilterten wichtigen Informationen stichwortartig und in übersichtlicher Weise!

Tannenduft fast überall

- zwei Drittel aller österreichischen Haushalte: Christbaum
- ca. 2,4 Millionen Bäume, Nordmanntanne am beliebtesten
- 85 Prozent der Christbäume aus Österreich, 15 Prozent aus dem Ausland: Dänemark, Deutschland und aus östlichen Nachbarländern

Christbäume aus der Heimat

- ...

Ü 23

Der 1. Absatz des Sachtextes „Weihnachten nicht ohne Christbaum" wurde bereits gekürzt. Setze nun die begonnene Kurzfassung des Sachtextes fort! Kürze den Text auf insgesamt 90 bis 100 Wörter (auf ca. ein Drittel)! Lass die Überschriften weg! Schreibe in dein Übungsheft!

In zwei Drittel aller österreichischen Haushalte wird zu Weihnachten ein Christbaum aufgestellt. 2,4 Millionen Exemplare sind es insgesamt, wobei die Nordmanntanne am beliebtesten ist. 85 Prozent der Christbäume stammen aus Österreich, der Rest aus dem Ausland. (36 Wörter)

Ü 24

Lies den angeführten Sachtext mit dem Titel „Menschen und Tiere: Großer Panda – armer Feinschmecker" genau durch und ergänze die fehlenden Teilüberschriften! Sie sind im Kästchen angeführt! Schreibe sie auf die leeren Zeilen! Achtung, drei passen nicht!

Die Fortpflanzung der Pandas – Bedrohte Pandas – Das Leben im Zoo – Zusammenarbeit von Österreich und China – Schwierige Aufzucht – Wie der Panda das Wappentier des WWF wurde – Die Aktivitäten des WWF

Menschen und Tiere: Großer Panda – armer Feinschmecker

Der Panda – ein Bär

Das liebenswürdige, schwarz-weiß gefleckte Wappentier des WWF ist unter vielen verschiedenen Namen bekannt: Großer Panda, Riesenpanda, Bambusbär oder ganz einfach Panda.

Früher glaubte man fälschlicherweise, der Panda gehöre nicht zur Familie der Bären. Er hält nämlich keinen Winterschlaf und kann nicht frei auf den Hinterbeinen laufen. Er hat, wie alle Bären, einen Magen wie ein Fleischfresser. Trotzdem ist er auf den Verzehr von Bambus spezialisiert, der nur geringen Nährwert besitzt. Um seinen „Bärenhunger" zu stillen, muss er ununterbrochen fressen, bis zu 12 Stunden am Tag Ein ausgewachsenes Exemplar mit mehr als 100 kg Gewicht verdrückt täglich 30 kg Bambus, das sind etwa 3000 Stängel. Ganz schön stressig, satt zu werden! Und dabei sollte er sich noch möglichst wenig und langsam bewegen, um nicht zu viel Energie zu verbrauchen! (132 Wörter)

____

Sein Lebensraum beschränkt sich nur noch auf wenige Gebiete im Südwesten Chinas. Nach der Bambusblüte, die je nach Art alle 15 bis 120 Jahre auftritt, sterben die Pflanzen ab. Früher begaben sich die Bambusbären in so einem Fall einfach in ein anderes Gebiet auf Nahrungssuche. Heute zerschneiden Straßen, Siedlungen und Felder ihre Wohnräume. Weil die Pandas nur noch auf „Waldinseln" leben, können sie sich nicht mehr mit Artgenossen aus anderen Gegenden paaren. Die Folge davon: Sie sind nicht mehr so widerstandsfähig.

Durch hohe Strafen konnte Wilderei in den letzten Jahren stark eingedämmt werden. Dennoch tappen die Pandas immer wieder in Fallen, die für andere Tiere bestimmt waren. Der starke Bevölkerungsanstieg in China hatte zur Folge, dass sehr viele Bambuswälder gerodet wurden. Die Menschen brauchten mehr Bau- und Brennholz, ebenso Platz für den Ackerbau. Dadurch verloren die Pandas ihre Nahrungsgrundlage. Bis zum Jahr 1990 war ihr Lebensraum auf die Hälfte der ursprünglichen Größe geschrumpft. (156 Wörter)

____

Alle zwei bis drei Jahre bringt ein Pandaweibchen höchstens zwei blinde, nur 100 Gramm schwere Junge zur Welt. Es wurde oft beobachtet, dass manche Mütter das zweite Junge allein lassen, weil sie zu wenig Nahrung finden. Wenn Menschen diese verlassenen Pandababys aufziehen, werden sie der Wildnis entfremdet.

Deshalb wartet man zuerst, ob die Mutter nach einiger Zeit nicht doch zu ihrem Jungen zurückkehrt. Bei Jungtieren, die erst im Alter von eineinhalb Jahren richtig

selbstständig werden, besteht leider eine hohe Sterblichkeit.
Pandas erweisen sich in Gefangenschaft als wahre „Sexmuffel“. Die Weibchen müssen deshalb künstlich befruchtet werden. Es ist jedes Mal eine Sensation, wenn in einem Tiergarten ein Junges zur Welt kommt. Im Jahr 2003 gab es in den Zoos weltweit 166 Pandas. Alle Versuche, Tiere nachzuzüchten und wieder in der Natur auszusetzen, sind bisher gescheitert. (134 Wörter)

Gemeinsam mit der chinesischen Forstbehörde gelang es dem WWF, ein Abholzungsverbot für Bambuswälder in den Schutzgebieten durchzusetzen. Bei der einheimischen Bevölkerung und in Schulen wird Aufklärungsarbeit betrieben, wie das Überleben der Pandas gesichert werden kann. Mehr als die Hälfte der derzeit etwa 1 600 frei lebenden Exemplare sind in den 50 Schutzgebieten anzutreffen.
Der WWF hilft bei der Erstellung von Einsatzplänen, er finanziert die Ausrüstung der Wildhüter und organisiert auch ihr Training. Ständig werden weitere Reservate geplant, die in den nächsten Jahren eingerichtet werden sollen. (84 Wörter)

Der WWF Österreich leistet einen wesentlichen Beitrag zum Schutz dieser gefährdeten Tierart. In Zusammenarbeit mit den Tiergärten Schönbrunn (Wien) und Hellbrunn (Salzburg) finden Trainingskurse für Manager von Panda-Reservaten abwechselnd in Österreich und China statt. Dabei können unsere langjährigen Erfahrungen, die wir in Österreich mit dem Naturschutz haben, weitergegeben werden. (49 Wörter)
(insgesamt 555 Wörter – mit den ergänzten Überschriften)

Peter Zwifelhofer, „Menschen und Tiere: Großer Panda – armer Feinschmecker“ (leicht verändert) in „JÖ – Das Jugendmagazin des Österreichischen Jugendrotkreuzes“, Mai 2006.

Ü 25

Erstelle vom Sachtext „Menschen und Tiere: Großer Panda – armer Feinschmecker“ ein übersichtliches Exzerpt! Schreibe in dein Übungsheft! Geh wie beschrieben vor:

- Lies dazu den Text mehrmals durch!
- Kläre dir unbekannte Begriffe mit Hilfe des Lexikons, des Wörterbuchs oder mit Hilfe einer Internetsuchmaschine!
- Filtere anschließend die wichtigsten Informationen heraus, indem du die Markierungsmethode anwendest, und verfasse dann dein Exzerpt!

Ü 26

Verfasse ausgehend vom Exzerpt eine Kurzfassung des Sachtextes „Menschen und Tiere: Großer Panda – armer Feinschmecker“ im Umfang von maximal 210 Wörtern! Schreibe in dein Übungsheft!

Kurzer Trainingskurs im verständlichen Informieren bzw. Schreiben

Informierende Texte sind gut gelungen, wenn sie folgende Eigenschaften aufweisen: **Einfachheit, Übersichtlichkeit und Kürze.**

Einfachheit erreichst du durch
- Verwendung kurzer Sätze und bekannter Wörter sowie
- anschauliche Gestaltung.

Übersichtlichkeit erreichst du durch
- sichtbare optische Gliederung (z. B. Absätze und Überschriften) sowie
- logische Reihenfolge und Folgerichtigkeit der Informationen.

Kürze erreichst du durch
- knappe, kurze und bündige Darstellung sowie
- Konzentration auf das Wesentliche.

Ü 27

Im Folgenden werden die Eigenschaften von misslungenen Texten angeführt. Sie solltest du vermeiden. Welche Merkmale gehören zu welcher Eigenschaft? Ordne richtig zu, indem du die entsprechenden Zahlen in die Kästchen schreibst!

1 Kompliziertheit
2 fehlende Übersichtlichkeit
3 Weitschweifigkeit (= inhaltlich zu ausführlich dargestellt)

☐ ohne Gliederung in Absätze und Überschriften – ein Durcheinander – fehlender Zusammenhang, fehlender roter Faden

☐ viele Einzelheiten, Nebensächliches und Überflüssiges – zu große Ausführlichkeit – ausschmückende Darstellung

☐ unbekannte Wörter – lange, komplizierte Sätze – fehlende Anschaulichkeit

Ü 28

Einfachheit
Gestalte die beiden angeführten kurzen Texte einfacher! Verwende kürzere Sätze und bekannte Wörter! Der Sinn soll jedoch der gleiche bleiben! Schreibe die korrigierten Fassungen in dein Übungsheft!

A Bereits seit der Antike symbolisiert das sprichwörtlich Glück bringende Schwein Fruchtbarkeit und steht für Wohlstand und Reichtum, deshalb soll man, wie der Volksglaube sagt, zu Neujahr Schweinefleisch essen, damit man im nächsten Jahr Glück hat.

B Wenn du am Computer arbeitest, achte unbedingt auf eine ordentliche Sitzhaltung, baue zwischen längeren Arbeitsphasen immer wieder Ausgleichsübungen zur Prävention von Rückenschäden ein und vermeide einen Kabelsalat unter dem Tisch, der dazu führen kann, dass du stolperst oder dich verhedderst! Positioniere den Bildschirm, dessen Beleuchtung und Kontraste entsprechend eingestellt sein müssen, dass es zu keinem störenden Spiegeln und Blenden kommt, so, dass er sich in Augenhöhe befindet!

Ü 29

Übersichtlichkeit
Der folgende Text ist sehr unübersichtlich gestaltet. Es fehlen auch Überschriften. Außerdem herrscht in den einzelnen Abschnitten ein ziemliches Durcheinander. Man kennt sich nicht so richtig aus.

Überarbeite den Text, indem du

- die im Kästchen angeführten Teilüberschriften an den richtigen Stellen im Text einfügst und
- die Informationen in den einzelnen Abschnitten in eine sinnvolle Reihenfolge bringst!

Schreibe die korrigierte Fassung in dein Übungsheft!

Teilüberschriften:
Besucher aus dem Jenseits
Die keltischen Wurzeln des Festes
Die keltischen Traditionen lebten weiter
Der Begriff „Halloween"

Halloween

____

Das Fest trug den Namen „Samhain". Zugleich war der 31. Oktober auch der letzte Tag im keltischen Kalender. Die Ursprünge des heutzutage auch in unserem Heimatland sehr beliebten Festes Halloween reichen weit in die keltische Zeit zurück. Die Kelten feierten am letzten Tag im Oktober das Ende des Sommers. Am 1. November begann das neue Jahr.

____

Um die bösen Geister zu vertreiben, entzündeten sie große Feuer. Die Geister der Toten versuchten die Kelten gütig zu stimmen, indem sie Essen und Geschenke vor ihre Häuser stellten. Die Kelten glaubten, dass in der Nacht vom 31. Oktober auf den 1. November sowohl böse Geister als auch die Geister der Toten auf die Erde kämen. Dieser Brauch, sich zu kostümieren, ist bis heute erhalten geblieben. Außerdem verkleideten sie sich als Hexen, Geister und Skelette, um nicht als Menschen erkannt zu werden.

____

Im 19. Jahrhundert brachten irische Immigranten das „Halloween"-Fest in die USA. Trotzdem sich das Christentum in Europa ausbreitete, wurden die keltischen Bräuche in Irland und in Schottland weiterhin gepflegt. Dort ist es mittlerweile zu einem der wichtigsten und größten Feste im Jahr geworden.

____

An ihm wird der Heiligen, aber auch der Verstorbenen gedacht. Im Englischen heißt er „All Hallows' Day". Der 1. November ist ein christlicher Feiertag und wird Allerheiligen genannt. „Halloween" ist eine sprachliche Verkürzung des englischen „All Hallows' Evening", was „Abend der Heiligen" bedeutet.

(227 Wörter)

Ü 30

Kürze
Der folgende Text ist unnötig weitschweifig. Überarbeite ihn, indem du alles Unwichtige weglässt und dich nur auf das Wesentliche konzentrierst! Formuliere knapp!
Gelingt es dir, den Text (282 Wörter) auf ca. 100 bis 120 Wörter zu reduzieren?

Die Fledermaus

Gleich zu Beginn soll festgehalten werden, dass die Fledermaus, um die es in den folgenden Ausführungen gehen soll, das einzige Säugetier ist, das es versteht, sich in die Lüfte zu erheben, das heißt – mit anderen Worten gesagt – zu fliegen. Insgesamt, das lässt sich leicht in vielen äußerst interessanten Tierbüchern nachlesen und auch im Internet recherchieren, existieren auf unserer lieben Mutter Erde fast 1 000 Arten. In Österreich – Mitglied der Europäischen Union und berühmt für seine schönen Berge, Seen und Sehenswürdigkeiten – leben 25 verschiedene Arten, wobei von allen in unserem Heimatland lebenden Arten die Langohrfledermaus jene ist, die laut Forschern am häufigsten vorkommt.
Nicht ausrotten und aus der Welt schaffen lässt sich bezüglich der Fledermäuse, die das meiner Meinung nach auch gar nicht verdient haben, leider folgendes Vorurteil, das sich als sehr hartnäckig erweist: Fledermäuse sind und bleiben gefährliche Blutsauger, die äußerst abstoßend sind!
Geht man diesem Vorurteil näher auf den Grund und setzt man sich genauer damit auseinander, so findet man früher oder später heraus, dass sich eigentlich nur drei Arten von Blut ernähren. Diese drei Arten fasst man unter dem Begriff „Vampire" zusammen. Sie sind im schönen Süd- und Mitteamerika beheimatet. Was sie allerdings tun, ist nicht wirklich appetitlich und kann einem schon, wenn man eher zart besaitet ist, einen kalten Schauer über den Rücken laufen lassen: Sie ritzen mit ihren messerscharfen Zähnen die Haut von Rindern an und lecken anschließend das Blut, das aus den Wunden fließt.
Der Rest der Flattertiere ernährt sich aber von Insekten. Diese Insekten werden von den Fledermäusen in der Nacht und in der Dämmerung gejagt. Das ist allerdings keine, wie weiter oben ausgeführt wurde, blutige Angelegenheit. Möglich ist den Tieren die Jagd in der Nacht und in der Dämmerung mit Hilfe ihres hoch entwickelten Echo-Orientierungssystems.

(291 Wörter)

Ü 31

Filtere aus dem vorliegenden Sachtext „Umwelt – Bitteres Obst" die wichtigsten Informationen heraus, indem du die Markierungsmethode anwendest! Erstelle anschließend ein übersichtliches Exzerpt!

Umwelt – Bitteres Obst

Bananen sind beliebt – bei denen, die sie essen dürfen. Jene, die sie anbauen, haben oft kein einfaches Leben …

„Um vier Uhr in der Früh brechen wir auf. Zur Plantage. Dort sind wir 13 Stunden lang. Nur am Sonntag ist Ruhetag", erzählt Rodrigo. „Es ist sehr warm. Wir arbeiten mit nacktem Oberkörper. Schutzkleidung?" Rodrigo lächelt. „Nein, Schutzkleidung bekommen wir keine." Rodrigo ist 14 Jahre alt und aus Ecuador. Er arbeitet auf einer Bananen-Plantage, genauso wie seine Eltern, seine Geschwister und die meisten anderen Bewohner seines kleinen Dorfes. „Wir Kinder müssen alle auf der Plantage mithelfen, denn sonst verdienen unsere Eltern zu wenig", sagt Rodrigo. „Ich bin zwar froh, dass ich Arbeit habe, aber die Arbeit ist nicht gut. Weil die Bananen so empfindlich sind, muss viel Gift gesprüht werden."

Bananen sind die Pestizid-Weltmeister

Die Banane ist das meistgekaufte Obst der Welt. Allein in Österreich werden pro Woche mehr als 1,8 Millionen Kilogramm der tropischen Frucht verzehrt – das sind rund 13 Millionen Stück. Bei uns liegt die Banane damit in der Liste der beliebtesten Obstsorten auf Platz zwei – gleich hinter dem Apfel. Weltweit werden jährlich 70 Millionen Tonnen Bananen verspeist. Es gibt drei Firmen, die einen großen Teil (fast 70 Prozent) dieser Früchte anbauen und in die verschiedenen Länder bringen. Um möglichst viel Gewinn zu machen, wachsen die Bananen in riesigen Monokulturen: Das heißt, es wird auf einer großen Fläche nur ein und dieselbe Frucht angebaut. Ein gefundenes Fressen für Würmer, Bakterien und Pilze. Um Schädlinge und Krankheiten von den Bananen fernzuhalten, werden Spritzmittel – so genannte Pestizide – verwendet. „Rund fünfzig Kilogramm Pestizide werden jährlich pro Hektar gespritzt", sagt Daniel Hausknost von der Umweltschutzorganisation Global 2000. „Damit sind konventionell erzeugte Bananen die Pestizid-Weltmeisterinnen der Lebensmittelproduktion." Dazu ein Vergleich: Die höchste Menge an Pestiziden kommt bei uns beim Kartoffelanbau zum Einsatz. Pro Jahr und Hektar 4,5 Kilogramm Spritzmittel. Auf einer Bananenplantage wird also mit der zehnfachen Menge an giftiger Chemie gearbeitet. „Schon das Betreten einer konventionellen Bananenplantage ohne spezielle Schutzkleidung kann gesundheitsgefährdend sein", meint Hausknost.

Ein giftiger Sprühregen – 60-mal pro Jahr

Das Gift wird von den Arbeitern auf die Bananenpflanzen gesprüht. Aber auch Flugzeuge sind im Einsatz. Bis zu 60-mal pro Jahr fliegen sie über die Plantagen. „Sie sprühen auch, wenn wir darunter arbeiten", erzählt Rodrigo. „Das ist nicht gut für uns. Mein Bruder leidet unter Asthma. Viele Leute hier sind krank. Auch ich habe oft Husten und meine Haut juckt ständig." Rodrigos Onkel geht es so schlecht, dass er nicht mehr arbeiten kann. Viele Frauen werden von den Pestiziden unfruchtbar. Babys kommen oft schon krank oder mit Missbildungen zur Welt. „Erst gestern ist ein kleines Kind gleich nach der Geburt gestorben", erzählt ein Dorfbewohner.

Verseuchtes Wasser macht die Menschen krank

Auch abseits der Plantagen kommen die Dorfbewohner mit den Pestiziden in Kontakt: Böden, Brunnen und Flüsse sind vergiftet. „In unserem Fluss hat es früher vor Fischen nur so gewimmelt. Da habe ich täglich 100 Fische gefangen. Heute bin ich froh, wenn ich einen Fisch pro Tag erwische", jammert ein Fischer. Die wenigen Fische, die es noch gibt, sind mit Pestiziden verseucht – genauso wie das Trinkwasser der Menschen. Schon oft haben sich die Dorfbewohner bei den Plantagenbesitzern beschwert. Doch ohne Erfolg. Damit Firmen wie Chiquita, Dole und Del Monte möglichst große Gewinne machen, bekommen die Arbeiter wenig bezahlt: Für eine 18-Kilo-Kiste Bananen erhält ein Bananenbauer in Ecuador nur umgerechnet 2,90 Euro – ein Hungerlohn. Aber diese großen Firmen sind so mächtig, dass sie den Preis bestimmen können.

Du entscheidest: Denn billig ist nicht immer gut

Rodrigo ist mit seinem Schicksal nicht alleine. Auf vielen Bananenplantagen sind Kinder im Einsatz. Aber wie können wir das verhindern? Indem wir beim Einkauf ein paar Cent mehr ausgeben und zu „Fair Trade"-Bananen greifen. Das „Fair Trade"-Logo garantiert ein Verbot von Kinderarbeit und eine gerechte Bezahlung der Arbeiter.

(632 Wörter)

Sabine Steigenberger, „Umwelt – Bitteres Obst" in „TOPIC – das junge Magazin", Jänner 2008.

Ü 32

Die hier vorliegende Kurzfassung des Sachtextes „Umwelt – Bitteres Obst" weist gröbere Mängel auf. Lies im Originaltext nach und korrigiere sie! Schreibe die Kurzfassung neu! Die folgende Tabelle gibt dir Auskunft über die Art der Fehler und wie du sie korrigieren kannst.

Abschnitt	Fehler	Korrekturmöglichkeit
1	• Die Zusammenfassung des Sachtextes ist in diesem Abschnitt zu kurz, zu unklar ausgefallen – siehe die Anmerkungen (1), (2), (3), (4). • Grobe inhaltliche Ungenauigkeiten liegen vor. • Die Sätze sind ohne Zusammenhang aneinandergereiht.	• Die Zusammenfassung sollte ausführlicher und klarer ausfallen – maximal allerdings 120 Wörter aufweisen. • Fehlende Begründungen, Details müssen ergänzt werden. • Zwischen den einzelnen Sätzen sollte ein Zusammenhang hergestellt werden.
2	• Dieser Abschnitt ist viel zu lang und zu ausführlich ausgefallen. • Der Abschnitt im Original weist 110 Wörter auf, die Kürzung 68.	• Der Originaltext muss in diesem Abschnitt stärker gekürzt werden. Ziel ist ein Umfang von maximal 40 Wörtern.
3	In diesem Abschnitt finden sich fünf inhaltliche Fehler.	Die fünf inhaltlichen Fehler müssen korrigiert werden.

Kurzfassung:

Abschnitt 1: (Originaltext: Zeile 1–33, 318 Wörter)

Rodrigo ist 14 Jahre alt und arbeitet auf einer Bananenplantage. **(1)**
Auf Grund des verwendeten Giftes ist dies sehr gefährlich. **(2)**
Die Banane ist das meistgekaufte Obst der Welt. In Österreich ist sie nach dem Apfel die beliebteste Frucht. **(3)**
Drei Firmen bauen 70 Prozent der Bananen in riesigen Monokulturen an. Das bringt mehr Gewinn. Sie sind aber besonders anfällig für Schädlinge und Krankheiten.
Man setzt Pestizide ein. Bananen sind somit die Pestizidweltmeister. **(4)**

(70 Wörter)

(1) Es fehlen wichtige Angaben: In welchem Land liegt die Bananenplantage? Wie viele Stunden am Tag arbeiten sie? Warum arbeiten auch die Kinder?

(2) Es wird nicht erklärt, warum Gift gesprüht wird und dies gefährlich ist.

(3) Zahlen fehlen: Wie viele Millionen Bananen werden jährlich weltweit verspeist, wie viele davon wöchentlich in Österreich?

(4) Es wird nicht angegeben, dass die Menge des Giftes übermäßig hoch ist. Ein Vergleich mit dem Pestizid-Einsatz im heimischen Kartoffelanbau fehlt. Dadurch könnte man sich ein besseres Bild machen.

<u>Abschnitt 2:</u> (Originaltext: Zeile 35–43, 110 Wörter)

Die Pestizide werden von den Arbeitern auf die Bananenpflanzen gesprüht. Flugzeuge sind ebenfalls im Einsatz. Bis zu 60-mal im Jahr fliegen sie über die Plantagen und versprühen Pestizide. Die Arbeiter tragen allerdings keine Schutzkleidung, wodurch sie ihre Gesundheit gefährden. Sie werden in der Folge krank. So haben sie oft Husten, ihre Haut juckt und sie leiden unter Asthma. Viele Frauen werden unfruchtbar, Babys kommen mit Missbildungen zur Welt.
(68 Wörter)

<u>Abschnitt 3:</u> (Originaltext: Zeile 45–57, 187 Wörter)

Die Pestizide gelangen aber auch in die umliegenden Häuser, Brunnen und Flüsse, wodurch die Fische und das Trinkwasser vergiftet werden. Auf Beschwerden reagieren die Plantagenbesitzer immer wieder. Chiquita, Dole und Del Monte wollen große Gewinne machen und bezahlen den Arbeitern einen hohen Lohn.
Man sollte mit Pestiziden verseuchte Bananen kaufen. Dadurch hat man die Garantie, dass Kinderarbeit verboten ist und die Arbeiter ungerecht bezahlt werden.

(65 Wörter)

4 Tipps für das Verfassen von Exzerpten

Tipp 1 **Lies** dir den **Sachtext**, von dem du ein Exzerpt erstellen sollst, **mehrmals genau durch**!

Tipp 2 **Kläre** die **Bedeutung** dir **unbekannter Wörter** mit Hilfe eines Lexikons, eines Wörterbuchs oder mit Hilfe einer Suchmaschine im Internet!

Tipp 3 Filtere aus dem Sachtext die **wichtigsten Informationen** mit Hilfe der **Markierungs- oder Wegstreichmethode** heraus!

Tipp 4 **Notiere** von jedem Abschnitt die **wichtigsten Stichworte in übersichtlicher Weise**! Unterstreiche Wichtiges!
Verwende Farben, Aufzählungszeichen und Nummerierungen!

6 Tipps für das Verfassen von Kurzfassungen

Tipp 1 Erstelle vor der Kurzfassung ein **Exzerpt**!
Gehe danach bei der Zusammenfassung des Sachtextes von diesem aus!

Tipp 2 Fasse den Inhalt des Sachtextes auf **ein Drittel seines Umfanges** zusammen!

Tipp 3 **Kürze** den Sachtext vom Anfang bis zum Schluss **gleichmäßig**!

Tipp 4 Gib den **Inhalt** des Sachtextes trotz Verkürzung richtig wieder!
Vermeide inhaltliche Fehler!

Tipp 5 **Schreibe verständlich**!

- Drücke dich einfach und anschaulich aus! Vermeide komplizierte Satzkonstruktionen sowie Darstellungen und zu viele Fremdwörter!
- Stelle die wesentlichen Informationen gegliedert und übersichtlich dar! Vermeide ein Durcheinander!
- Stelle das Wesentliche kurz und bündig dar!

Tipp 6 Behalte das Wortgut, die Zeitform, die Aussageweise und die stilistischen Eigenheiten des Sachtextes bei! Schreib **in eigenen Worten**!

Zusätzliche Themen zum Üben

Erstelle Exzerpte und Kurzfassungen zu folgenden Texten:

- zu Kapiteln in Jugendsachbüchern
- zu Artikeln in Jugendlexika
- zu Artikeln in Jugendzeitschriften
- zu Artikeln in Fachzeitschriften für Kinder und Jugendliche

Informierendes Schreiben

Lebenslauf

Der Lebenslauf ist ein wichtiger **Bestandteil einer Bewerbung**.
Er soll **sachlich** die Fakten der Lebenssituation berichten.
Der Lebenslauf kann in **Tabellenform** oder in **erzählender Form** abgefasst werden.

Gliederung:

- Persönliche Daten:
  Name, Geburtsdatum, Geburtsort, Staatsbürgerschaft, Religionsbekenntnis (Angabe freigestellt), Eltern (Berufsangabe freigestellt), Geschwister (Alter)
- Angaben über Schulausbildung, eventuell berufliche Tätigkeiten (Praktikum, Ferialjob)
- erwähnenswerte Kenntnisse und Fähigkeiten, schulische Interessen, Berufswünsche, Zukunftspläne
- Ort, Datum und Unterschrift

Verfasse deinen Lebenslauf am Computer oder handschriftlich auf einem weißen Papier DIN A4, fehlerfrei (ohne Korrekturen), sauber (keine Flecken, Eselsohren), mit freiem Rand! Beschreibe nur die Vorderseite des Papierbogens, wenn nötig musst du ein zweites Blatt verwenden!

Lebenslauf in Tabellenform

Lebenslauf

Persönliche Daten:	Jasmin Felber geboren am 13.05. in Wr. Neustadt österreichische Staatsbürgerin römisch-katholisch Vater: Michael Felber, AHS-Lehrer Mutter: Sabine Felber-Bachler, Caritas-Sozialarbeiterin Geschwister: Julian (7), Fabian (2)
Schulbildung:	Volksschule Hilbergasse in Leobersdorf von ... – ... Wirtschaftskundliches Realgymnasium Neunerstraße in Wr. Neustadt, derzeit in der 5. Klasse
Besondere Kenntnisse und Interessen:	guter Schulerfolg, sehr gute Leistungen in Englisch, Geografie und Wirtschaftskunde Freigegenstand: Französisch Interesse am technischen Gestalten (Modellbau), Reisen
Zukunftspläne:	nach der Matura Studium an der Wirtschaftsuniversität

Leobersdorf, 12.04. *Jasmin Felber*

Lebenslauf in erzählender Form

Lebenslauf

Mein Name ist Jasmin Felber. Ich wurde am 13. Mai in Wr. Neustadt als ältestes Kind von Michael Felber und Sabine Felber-Bachler geboren. Mein Vater ist AHS-Lehrer und meine Mutter Caritas-Sozialarbeiterin (derzeit in Karenz). Ich habe zwei jüngere Brüder: Julian (7), Fabian (2).

Ich besitze die österreichische Staatsbürgerschaft und bin römisch-katholisch.

Von ... bis ... ging ich in die Volksschule Hilbergasse in Leobersdorf. Seit ... besuche ich das Wirtschaftskundliche Realgymnasium Neunerstraße in Wr. Neustadt, wo ich zurzeit in die 5. Klasse gehe.

Ich hatte im letzten Zeugnis einen guten Schulerfolg. Zu meinen Lieblingsgegenständen gehören Englisch, Geografie und Wirtschaftskunde. Ich besuche den Freigegenstand Französisch und interessiere mich für technisches Gestalten, besonders für Modellbauarbeit, und reise gerne.

Leobersdorf, 12.04. *Jasmin Felber*

Ü 33

Verfasse einen Lebenslauf in Tabellenform und erzählender Form mit folgenden Angaben! (Achtung, nicht alle Angaben benötigst du für das Verfassen des Lebenslaufs!)

Name: Simon Hausegger
Adresse: Schmiedgasse 15/4/3, 7000 Eisenstadt
Tel.: 0666/00 11 22 33
E-Mail: simon_hausegger@aufsteigennet.at
geboren: 17.03., Eisenstadt
österreichische Staatsbürgerschaft
evangelisch
Mutter: Karin Hausegger, geborene Pichlbauer (Verkäuferin)
Vater: Horst Hausegger (Polizeibeamter)
älterer Bruder: Oliver (18), Kfz-Lehrling
Hund: Gero
Freundin: Julia (14)
Schulbildung: Volksschule Gallgasse in Eisenstadt von ... – ...
Hauptschule Pestalozzigasse in Eisenstadt von ... – ...
derzeit Polytechnischer Lehrgang in Mattersburg
Praktikum und Schnuppertage: in der Kfz-Werkstatt Haas in Mattersburg
Besondere Kenntnisse/Interessen: Lieblingsfächer: Mathematik, Bewegung und Sport
Hobbys: Schwimmen, Fußball, Mountainbiking
Lesen von Autozeitschriften, technisches Interesse an Motoren, Mitglied der Freiwilligen Feuerwehr Eisenstadt
Berufswunsch: Kfz-Mechaniker

Bewerbungsschreiben

Das Bewerbungsschreiben ist in der Art eines **Normbriefs** mit Computer zu schreiben. Der Empfänger soll über die beruflichen Voraussetzungen und Fähigkeiten des Bewerbers/der Bewerberin unterrichtet werden.

Gliederung:
- Absender (Name, Adresse, Telefonnummer, E-Mail-Adresse)
- Anschrift (Firmenname, evtl. Abteilung, Name des/der Sachbearbeiters/in, Adresse, evtl. E-Mail-Adresse)
- Ort und Datum
- Betreff (Anlass des Schreibens)
- Anrede
- Text der Bewerbung
- Grußformel und Unterschrift
- Beilagen

- Nimm Bezug auf ein Inserat/eine Ausschreibung/auf eine Empfehlung!
- Zeige Interesse am Beruf/an der Lehrstelle!
- Beschreibe deine gegenwärtige Schulsituation und evtl. auch deine Zukunftspläne!
- Gib positive Vorsätze/Versprechen im Fall einer Aufnahme an!
- Bitte um eine Antwort und/oder ein Gespräch!
- Vergiss die Beilagen (Lebenslauf, Zeugniskopie(n), evtl. Lichtbild ...) nicht!
- Beachte die Form des Normbriefes (Ränder, Absätze) und beschreibe nur die Vorderseite eines weißen DIN A4-Blattes!

Ü 34 **Auf folgendes Inserat meldet sich Jasmin Felber (siehe Lebenslauf S. 48).**

TILLO AG

Wir suchen **Ferialpraktikanten/innen als Regalbetreuer/innen** in unseren TILLO-Supermärkten im südlichen NÖ!
(Bei Zuteilung nehmen wir auf Ihren Wohnbezirk Rücksicht!)

Entlohnung erfolgt nach dem Kollektivvertrag.
Vorkenntnisse nicht unbedingt erforderlich, bei entsprechendem Engagement werden Sie gerne eingeschult!

Schicken Sie bitte Ihr Bewerbungsschreiben mit Lebenslauf und Einverständniserklärung eines Erziehungsberechtigten an:

Lebensmittelhandelskette TILLO AG
z. H. Herrn Schrittwieser
Graubergstraße 109
1230 Wien

Wir freuen uns auf Ihre Bewerbung! TILLO AG

Sie verfasst ein Bewerbungsschreiben. Ordne die Ziffern in ihrem Bewerbungsschreiben den richtigen Begriffen unterhalb des Briefes zu!

Jasmin Felber
Vogelsingerstraße 56
2455 Leobersdorf [1]
Tel.: 0660/12 34 567
E-Mail: jasminfelber@aufsteigennet.at

Lebensmittelhandelskette TILLO AG
z. H. Herrn Schrittwieser
Graubergstraße 109 [2]
1230 Wien

Leobersdorf, 5. Mai [3]

Bewerbung um einen Ferialjob als Regalbetreuerin [4]

Sehr geehrte Damen und Herren! [5]

Bezug nehmend auf Ihr Inserat möchte ich mich um die Stelle als Ferialpraktikantin (Regalbetreuerin) für die Monate Juli und August in Ihrer Filiale in Leobersdorf oder Wr. Neustadt bewerben.

Ich bin 15 Jahre alt und besuche derzeit die 5. Klasse AHS in Wr. Neustadt.
Im beiliegenden Lebenslauf können meine persönlichen Daten nachgelesen werden.
Ich glaube, dass ich den Anforderungen als Regalbetreuerin in einer TILLO-Filiale entspreche, da ich Verantwortungsbewusstsein und Zuverlässigkeit zeige und bei meiner Arbeit Wert auf höchste Sorgfalt lege.

Ich ersuche Sie, mir zu antworten oder mir die Gelegenheit zu einem persönlichen Vorstellungsgespräch zu geben.
Im Falle einer Zusage werde ich mich bemühen, mein Bestes zu geben. [6]

Mit herzlichen Grüßen

Jasmin Felber [7]

Beilagen: [8]
Lebenslauf
Einverständniserklärung der Eltern

- ☐ Anschrift
- ☐ Betreff (Anlass des Schreibens)
- ☐ Text der Bewerbung
- ☐ Grußformel und Unterschrift
- ☐ Beilagen
- ☐ Ort und Datum
- ☐ Absender
- ☐ Anrede

Nach der **Anredeformel** kannst du einen **Beistrich oder** ein **Rufzeichen** setzen.
Nach dem Rufzeichen schreibst du groß weiter, nach dem Beistrich klein!

Beispiel:

Sehr geehrter Herr Kaun,
ich möchte Ihnen mitteilen ...

Sehr geehrter Herr Kaun**!**
Ich möchte Ihnen mitteilen ...

Ü 35

Nicht alle der folgenden Formulierungen sollten in einem Bewerbungsschreiben stehen. Verbessere die missglückten Sätze und schreib dazu, gegen welchen Tipp (siehe S. 54) hier verstoßen wurde!
Hake die gelungenen Sätze ab und gib an, welcher Tipp beachtet wurde!

1. Ich freue mich, wenn ich mich persönlich bei Ihnen vorstellen darf!
   ✓Tipp 2 wurde beachtet.
2. Ich verbleibe in Erwartung auf eine rasche Beantwortung meines Bewerbungsschreibens von Ihnen ...

   ____
3. Es tut mir leid, aber ich kann Ihnen die Zeugniskopie erst nach den Semesterferien zusenden.

   ____
4. Ich glaube, dass ich den Anforderungen entspreche, da ich mit großem Enthusiasmus an die Arbeit herangehe.

   ____
5. Ich bewerbe mich auf Ihr Inserat in den „Salzburger Nachrichten" als Zahntechnikerin.

   ____
6. Bitte beantworten Sie mein Bewerbungsschreiben oder geben Sie mir Gelegenheit zum persönlichen Vorstellungsgespräch.

   ____
7. Es würde mich freuen, wenn Sie mir mitteilen würden, ob Sie mich als Lehrling in Ihrem Betrieb aufnehmen könnten.

   ____
8. Ich würde diesen Job gerne haben und würde mich förmlich vor Arbeitseifer zerreißen!

   ____

Anredepronomen – Personalpronomen – Possessivpronomen

Unterscheide zwischen dem **Anredepronomen** (Anredefürwort) **„Sie“** und dem **Personalpronomen** (persönlichen Fürwort) **„sie“**!
Die Anredepronomen **„Sie“** (3. Person Einzahl und 3. Person Mehrzahl) und das entsprechende **Possessivpronomen** (besitzanzeigende Fürwort) **„Ihr“** werden im Brief und auch in wörtlicher (direkter) Rede immer großgeschrieben. Das Personalpronomen wird immer kleingeschrieben.

Beispiele:
Ich begrüße **Sie** herzlich. → Anredepronomen (höfliche Anrede eines Erwachsenen/mehrere Erwachsener)
Können **Sie** mir **Ihren** Stift borgen? → Anredepronomen und Possessivpronomen
Darf ich **Ihnen** etwas anbieten? → Anredepronomen
Ich begrüße die Kinder und frage **sie**, wie es **ihnen** geht. → Personalpronomen
Die Kinder nicken mit **ihren** Köpfen. → Possessivpronomen

Ü 36

Setze richtig ein: Anredepronomen, Personalpronomen oder Possessivpronomen!

Bettina Beyer
Seerosenweg 48
6330 Kufstein

Reisebüro Nautika
z. H. Frau Nistler
Bahnhofsstraße 79
6330 Kufstein

Kufstein, 23.05.

Sehr geehrte Frau Nistler,

in ...hrer Anzeige im „Kurier“ habe ich gelesen, dass ...ie Ferialpraktikanten für ...hr Reisebüro in den Sommermonaten suchen. Da ich mich für diese Praktikumsstelle sehr interessiere, bewerbe ich mich um ...ie.
Ich bin 15 Jahre alt, besuche die Handelsschule in Kufstein und habe während meiner berufspraktischen Tage erfahren, welche Tätigkeiten zu den Aufgaben in einem Büro gehören.
Ich arbeite gerne am PC, bin zuverlässig und habe gute Umgangsformen.
Ich möchte später einen Beruf erlernen, in dem ich mit Kunden sprechen kann und ...ie berate.

Ich freue mich, wenn ich zu einem Vorstellungsgespräch bei ...hnen eingeladen werde.

Mit freundlichen Grüßen

Bettina Beyer

Beilage:
Lebenslauf

Ü 37

Schreibe ein Bewerbungsschreiben für Simon Hausegger (Angaben zu seiner Person siehe S. 49), der sich als Lehrling in einer Kfz-Werkstatt bewerben möchte!

Richte das Schreiben an:
Kfz-Werkstatt Sonnleiner, z. H. Herrn Ing. Hermann Schreiner,
Hauptstraße 125, 7000 Eisenstadt

Beachte die Gliederung, die ein Bewerbungsschreiben haben sollte! Lies sie dir vorher nochmals auf S. 50 durch!

10 Tipps für das Verfassen von Bewerbungsschreiben

Tipp 1 Vermeide Schachtelsätze und umständliche Formulierungen, schreibe **kurze Sätze**!

Tipp 2 **Schreibe direkt,** was du willst, und vermeide langwierige Erklärungen!

Tipp 3 **Vermeide umgangssprachliche Ausdrücke** oder Dialektwörter!

Tipp 4 **Verzichte auf Fremdwörter**, die nicht zu deinem Wortschatz gehören! Der Empfänger soll wissen, dass du das Schreiben selbst verfasst hast.

Tipp 5 Wenn du vom Empfänger etwas benötigst oder etwas wünscht, **bitte** höflich darum!

Tipp 6 Verwende **Formulierungen**, die **positiv** klingen!

Tipp 7 Kontrolliere, ob sich Rechtschreibfehler eingeschlichen haben, und achte besonders darauf, dass du die **Anredefürwörter** (Sie, Ihnen ...) **großgeschrieben** hast!

Tipp 8 Lies das Schreiben nochmals genau durch und achte darauf, ob du alle **formalen Richtlinien** eingehalten hast!

Tipp 9 Die **Bewerbungsunterlagen** (Bewerbungsschreiben, Lebenslauf, Zeugniskopie) solltest du bei Postversand **ordentlich in ein Kuvert** (Größe C4 oder B4) oder bei persönlicher Abgabe in eine **Bewerbungsmappe** geben!

Tipp 10 Schreibe **leserlich Adresse und Absender** auf das Kuvert und vergiss nicht, es **ausreichend zu frankieren**!

Zusätzliche Themen zum Üben

Wähle aus den folgenden Inseraten eines aus und verfasse dazu ein Bewerbungsschreiben! Vergiss nicht auch einen Lebenslauf zu verfassen!

Lehrlingsausbildung

zum Bürokaufmann/zur Bürokauffrau

- Wir suchen Lehrlinge für eine dreijährige Ausbildung zum/zur Bürokaufmann/frau!
- Wir bieten gute Aufstiegschancen nach erfolgreicher Lehrabschlussprüfung, eine angenehme Arbeitsatmosphäre, einen krisensicheren Arbeitsplatz.
- Wir erwarten einen positiven Pflichtschulabschluss, gute Allgemeinbildung, Motivation, Verantwortungsbewusstsein und Teamgeist.

Bei Interesse schicke dein Bewerbungsschreiben, deinen handgeschriebenen Lebenslauf, ein Lichtbild und das letzte Schulzeugnis an:

S&P Kanzlei

Kanzlei Stöber & Paul
z. H. Herrn Mag. Max Thallinger
Josef Eysmanstraße 23/4
1010 Wien

Ferialpraktikant/in gesucht!

In unserer **Bäckerei** suchen wir für Juli und August Hilfskräfte im Verkauf. Vorkenntnisse nicht unbedingt erforderlich! Verlässlichkeit und Einsatzbereitschaft sind wichtig!

Schicken Sie bitte die Bewerbung mit Lebenslauf an:

Bäckerei Landshammer
Josefistraße 23
5020 Salzburg

Hotel BIOwelt ☆☆☆☆

Wir suchen
gastgewerbliche Hilfskraft (m/w)
für die Monate Juni–September.

Wenn Sie an einer abwechslungsreichen Tätigkeit in unserem Hotel mit sehr gutem Betriebsklima interessiert sind, dann bewerben Sie sich bitte bei:

Hotel BIOwelt
z. H. Frau Susanne Beierl
Garbergerstraße 142, 9020 Klagenfurt,
Tel.: 00/77 771-99 221,
s.beierl@bioweltjobs.at

Zahntechniker/in gesucht

Bist du 15 Jahre alt und hast Interesse, einen medizinischen Beruf zu erlernen?

Wir suchen junge Menschen, die bei uns eine 4-jährige Lehre zum/zur Zahntechniker/in antreten wollen.

Anforderungen:
- Pflichtschulabschluss mit gutem Zeugnis
- Aufnahmetest

Schriftliche Bewerbungen an:
Zahntechnisches Labor Dr. Ruprecht
z. H. Frau Fellinger
Akademiestraße 34/2/1
8010 Graz

Reklamation, Beschwerdebrief

Die **Reklamation**/der **Beschwerdebrief** ist in der **Art eines Normbriefes** abzufassen. Die Empfängerin/der Empfänger soll Klarheit darüber erhalten, was und warum reklamiert wird bzw. worüber sich der Absender beschwert. Eine **klare Beschreibung, was den Erwartungen nicht entspricht**, muss erfolgen – ohne persönliche Beleidigungen und Drohungen zu verfassen. Zuletzt sollte angegeben werden, welche Erwartungen (Problemlösungen) man mit dem Schreiben verbindet.

Gliederung:

1. Absender (Name, Adresse, Telefonnummer, E-Mail-Adresse, evtl. Kundennummer)
2. Anschrift (Firmenname, evtl. Abteilung/Name des Sachbearbeiters/der Sachbearbeiterin, Adresse, evtl. E-Mail-Adresse)
3. Ort, Datum
4. Betreff (Anlass des Schreibens)
5. Anrede
6. Text der Beschwerde/Reklamation (Rechnungsnummer/-datum des Kaufgegenstandes/Geschäftsleistung angeben, Grund der Reklamation/Beschwerde, Erwartungen/mögliche Lösungsvorschläge)
7. Grußformel und Unterschrift

Eine Reklamation/ein Beschwerdeschreiben kannst du schneller per E-Mail verschicken. Diese Möglichkeit wird auch schon von vielen Firmen angeboten.

Ü 38

Setze die richtige Nummer der Gliederungspunkte (1 bis 7) bei diesem Beschwerdebrief in die Kästchen!

Andreas Grubmayer
Hagnerberg 126
9913 Abfaltersbach ☐
Tel.: 0666/77 71 11
E-Mail: a.grubmayer@sauer.at

Versandhaus Elektroplus
Münzgasse 44 ☐
1500 Wien
E-Mail: elektroplus@versand.at

Abfaltersbach, 22.11. ☐

Reklamation zu meiner Bestellung eines Ladegeräts vom 13.11. ☐

Sehr geehrte Damen und Herrn! ☐

Das von mir am 13.11. telefonisch bestellte Ladegerät für mein Handy NJKM 23 wurde mir bis heute nicht geliefert. Auch auf meine telefonische Nachfrage am 21.11. konnte mir keine Auskunft gegeben werden, ob meine Bestellung schon versandt wurde.
Ich ersuche Sie, mir die Ware innerhalb einer Woche zu liefern, andernfalls ziehe ich meine Bestellung zurück. ☐

Mit der Bitte um baldige Erledigung verbleibe ich mit freundlichen Grüßen ☐

Andreas Grubmayer

Ü 39

Vervollständige nun selbst die folgende Reklamation!
Du hast über das Internet einen Modellbausatz für ein Auto bestellt.
Erst während des Zusammenbauens bemerkst du, dass wichtige Einzelteile fehlen.
Du reklamierst schriftlich beim Versandhaus und möchtest einen neuen Bausatz!

Nicole Groß
Baumgartnerweg 23/6
2500 Baden
Tel.: 0500/98 76 543
E-Mail: nicolegroß@sauer.at

Tüftler-Versand
E-Mail: tüftler@versand.com

Baden, 20.08.

____

____

Der von mir bestellte Modellbausatz „Porsche Cayenne Turbo“ (Rg.-Nr. 2345/18082) ist leider unvollständig, denn einige Einzelteile fehlen. Dies habe ich leider erst im Zuge des Zusammenbauens des Autos bemerkt.

Bitte ______________________________

____

Mit ____________________

____

Zusätzliche Themen zum Üben

Erfinde die genauen Daten wie Namen, Firma, Hersteller, Fabrikatsbezeichnung, Rechnungsnummer für folgende Aufgaben!

- Der **Akku deines neuen Handys** hält nur sehr kurze Zeit, obwohl es noch fast neu ist. Du beschwerst dich schriftlich beim Handyerzeuger!
- Du hast das **Abonnement einer Jugendzeitschrift** schon schriftlich abgemeldet, trotzdem bekommst du die Zeitschrift weiterhin zugeschickt. Auch eine Rechnung für das nächste Abonnementjahr wurde dir zugestellt. Du beschwerst dich in einem Brief beim Verlag.
- Du hast eine **DVD** bei einem Musikversand bestellt und kannst sie auf deinem Gerät nicht abspielen. Du schickst die DVD zurück und legst einen erklärenden Reklamationsbrief bei!

Richtiges Adressieren

Die Kuvertbeschriftung unterliegt **bestimmten Normen**. Die Adresse sollte von der Lesemaschine im Verteilerzentrum der Post **problemlos gelesen** werden können. Die **Richtlinien** für das richtige Beschriften eines Kuverts hat die Österreichische Post AG erstellt, und diese beziehen sich auf die Regeln des Weltpostvereins.

- Für das Versenden deines Bewerbungsschreibens mit beigelegtem Lebenslauf (DIN A4-Format) wirst du ein Kuvert Größe C4 oder B4 benötigen.
- Für das Verschicken eines Reklamationsschreibens/Beschwerdebriefs wirst du ein Kuvert Größe C6 oder C6/5 wählen.

Kuvertbeschriftung

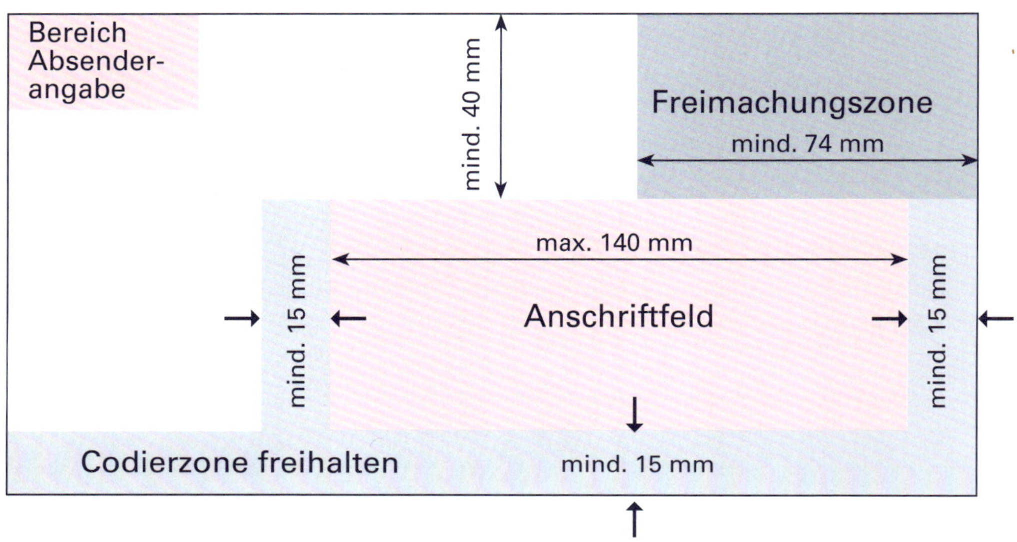

Gestaltung des Adressblocks im Anschriftfeld:

- Adresse linksbündig schreiben!
- Abstand zwischen Postleitzahl und Bestimmungsort setzen!
- Kein Länderkürzel vor Postleitzahl (A-) schreiben!
- Bei Auslandssendungen Bestimmungsort und Bestimmungsland immer in Großbuchstaben schreiben!
- Druckbuchstaben, keine Schreibschrift verwenden!
- Die Höhe der Großbuchstaben der Schrift sollte zwischen 2,5 und 3 mm liegen (= Schriftgröße 10–12 Punkt)!
- Auf gleichmäßigen Abstand zwischen den einzelnen Zeilen (1–5 mm, keine Leerzeilen) achten!
- Handschriften sind auch maschinenlesbar! Leserlich schreiben!

Der Absender kann auf der Kuvertrückseite oder auch auf der Vorderseite links oben stehen.

Beispiele für die richtige Gestaltung des Adressblocks:

Herrn
Dr. Alfred Weninger
Eichengasse 3/4
1200 Wien

Marianne Neuhauser
Wr. Neustädterstraße 128
2514 Traiskirchen

Fa. Elektroplus
z. H. Hans Riemer
Industriestraße 23
81671 MÜNCHEN
DEUTSCHLAND

Ü 40

Verbessere die nicht korrekt geschriebenen Adressen!

Herrn
August Zwirn
Mandelgasse 23
A-1238 Wien

Frau
DI Irmgard Fasching
Gablergasse 4/8/1
3400 Klosterneuburg

Gustav Demel
Kleegasse 12/7
D-81671 MÜNCHEN
Deutschland

Manuela Hobinger
Hollergasse 2
2512 TRIBUSWINKEL

Greenpeace
z. H. Mag. Manfred Neyer
Siebenbrunnengasse 44
1050 Wien

Firma *Kompass & Co*
Baumarktstraße 111
1100 Wien

Felix Rubinger
Kammingerplatz 12
5600 St. Johann

Familie
Heinz u. Brigitte   Dorn
Zweigstraße 12
4300 St. Valentin

GLOBAL 2000
Flurschützstraße 13
z. H. Prof. Lea Groß
1120 Wien

Dr. Harald Töllinger
Fuchsgartenstr. 127
7540 Güssing

Ordination
Dr. Klemens Wolff
Berghofstraße 23/1/1
5700 Zell am See

Ida Buchinger - Berg
Hochstraße 103

3400 Klosterneuburg

Argumentierendes Schreiben

Argumentieren allgemein

Beim **Argumentieren** formulierst du Aussagen, die eine **These** (Behauptung) begründen **(= Pro-Argument)** oder widerlegen **(= Kontra-Argumente)** sollen.

Beispiel:
Taschengeld ist sinnvoll, weil Jugendliche dadurch den Umgang mit Geld lernen.
(= Pro-Argument)
Taschengeld ist nicht sinnvoll, weil Jugendliche nur Geld bekommen sollten, wenn sie welches benötigen. **(= Kontra-Argument)**

Argumente müssen mit anschaulichen Beispielen belegt werden.
Argument = **B**ehauptung (These) + **B**egründung + **B**eispiel **(„3-B-Schema")**

Beispiel:
Taschengeld ist sinnvoll, weil Jugendliche dadurch den verantwortungsvollen Umgang mit Geld lernen. Die Teenager können dann selbst entscheiden, ob sie ihr Taschengeld z. B. sparen oder ausgeben.

Behauptung	Begründung	Beispiel
Taschengeld ist sinnvoll,	weil Jugendliche dadurch den verantwortungsvollen Umgang mit Geld lernen.	Der Teenager kann dann selbst entscheiden, ob er sein Taschengeld z. B. spart oder ausgibt.

Ü 41

Ordne folgende Satzteile/Sätze an der richtigen Stelle im Raster ein!

1. … da man für ein Lebewesen sorgen muss.
2. … denn in der Schule Gelerntes wird zu Hause wiederholt und gefestigt.
3. Für Kinder und Jugendliche ist es wichtig, ein Handy zu besitzen …
4. Täglich muss man das Tier füttern und pflegen.
5. … z. B. wenn sie wegen Bus- oder Bahnverspätung später nach Hause kommen.
6. Hausübungen sind sinnvoll, …

Behauptung	Begründung	Beispiel
Durch ein Haustier lernt man Verantwortung zu übernehmen, ...		
	..., weil sie damit in Notfällen ihre Eltern benachrichtigen können, ...	
		Beispielsweise kann man aufgrund erledigter Hausübungen eine gute Schularbeit schreiben.

Ü +2

Setze die vorliegenden Sätze/Satzteile, die Begründungen zu den angeführten Behauptungen und Beispielen sind, an der richtigen Stelle im Raster ein!
Du solltest jeweils drei Pro- und drei Kontra-Argumente aufgeschrieben haben!

1. ... weil Gewalt verherrlicht wird und Jugendliche dadurch zur Nachahmung angeregt werden können.
2. ... weil sie eine spannende und aufregende Handlung zeigen.
3. ... da Jugendliche gegenüber realer Gewalt abstumpfen können.
4. ... denn sie können bei Jugendlichen zu Angstzuständen und Albträumen führen.
5. ... da sie gut zum Abreagieren von Stress und Aggression sind.
6. ... weil sehr gute Effekte zu sehen sind.

Behauptung	Begründung	Beispiel
Gewaltspiele für Spielkonsolen/Computer sollten verboten werden, ...		grobe Schlägereien unter Kindern und Jugendlichen
Gewaltspiele für Spielkonsolen/Computer sollten verboten werden, ...		Abstumpfung, Gefühllosigkeit
Gewaltspiele für Spielkonsolen/Computer sollten verboten werden, ...		Schlaflosigkeit, psychische Auffälligkeiten
Gewaltspiele für Spielkonsolen/Computer sollten angeboten werden, ...		Storyline gut durchdacht und spannend gestaltet
Gewaltspiele für Spielkonsolen/Computer sollten angeboten werden, ...		Aggressionsabbau, wieder gute Laune
Gewaltspiele für Spielkonsolen/Computer sollten angeboten werden, ...		vielfach ausgezeichnete Spiele

Ü 43

Du findest hier acht Argumente von Rauchern fürs Rauchen, die man aber leicht entkräften kann. Schreibe das passende Gegenargument, das du auf der nächsten Seite findest, jeweils in das richtige freie Feld!

Rauchen ist cool – oder doch nicht?
Alle sechs Sekunden stirbt weltweit ein Mensch an den Folgen des Rauchens.
Viele begannen bereits im Jugendalter zum Glimmstängel zu greifen.
Gruppendruck, Vorbildwirkung und Werbung erhöhen ganz besonders bei jungen Menschen die Bereitschaft zu rauchen.
Das häufigste Argument, weshalb Jugendliche zur Zigarette greifen, ist: Rauchen ist cool.
Doch ist es wirklich cool zu rauchen? Was denkst du?

1. Rauchen ist cool, weil ich dann zur Gruppe dazugehöre.	
2. Rauchen ist cool, weil es frei macht!	
3. Rauchen ist cool, weil ich mich dann erwachsen fühle!	
4. Rauchen ist cool, weil ich dann lässig und dynamisch wirke.	
5. Rauchen ist cool, weil ich dadurch schlank bleibe und gesund wirke.	
6. Rauchen ist cool, weil es mich entspannt.	
7. Rauchen ist cool, weil es nur meine Sache ist, wenn ich rauche.	
8. Rauchen ist cool, weil ich mir meine Zigaretten selbst leisten kann.	

1. Rauchen ist uncool, weil ich mich – nur um dazuzugehören – von der Masse nicht mitziehen lassen will.
2. Rauchen ist uncool, weil nicht nur die Zigaretten selbst, sondern auch die medizinischen Behandlungen von Krankheiten, die durch Rauchen entstehen, Kosten verursachen.
3. Rauchen ist uncool, weil es abhängig macht.
4. Rauchen ist uncool, weil es bei Männern zu Impotenz und bei Frauen zu Brust- und Gebärmutterkrebs führen kann. Ist das ein cooles Erwachsensein?
5. Rauchen ist uncool, weil ich Entzugserscheinungen bekomme und dann unruhig, zittrig und unkonzentriert bin.
6. Rauchen ist uncool, weil es nicht nur die Rauchenden schädigt, sondern auch die, die passiv mitrauchen.
7. Rauchen ist uncool, weil es krank macht. Die Liste reicht von Haut- und Lungenkrebs bis Schlaganfall und Herzversagen.
8. Rauchen ist uncool, weil es schlapp macht und meine Leistungs- und Reaktionsfähigkeit mindert.

Ü 44

Finde nun selbst Pro-Argumente („3-B-Schema“) zu folgender Themafrage: „Ist es richtig, dass Rauchen an Schulen verboten wurde?“

Bedenke in deiner Argumentation die Bereiche:

- Vorbildwirkung der älteren Schüler/Schülerinnen für jüngere, Nachahmung
- Gefahr des Passivrauchens
- Mist, unansehnlich, Arbeit für Putzpersonal (Zigarettenstummel liegen am Schulhof, Fußboden)

Behauptung	Begründung	Beispiel
Ja, es ist richtig, dass Rauchen an Schulen verboten wurde, ...		
Ja, es ist richtig, dass Rauchen an Schulen verboten wurde, ...		
Ja, es ist richtig, dass Rauchen an Schulen verboten wurde, ...		

Du möchtest mehr zum Thema „Argumentieren“ wissen? Mehr Beispiele findest du in „Aufsteigen in Deutsch –Texte verfassen 3“, G&G Verlagsgesellschaft mbH, Wien 2010.

Leserbrief

Leserbriefe sind **argumentierende Schreiben**, in denen zu einem bestimmten Thema die **persönliche Meinung** geäußert wird. Du stimmst einem Standpunkt zu oder lehnst ihn ab und **bringst deine Argumente vor**.
Jede Zeitung veröffentlicht die Meinung ihrer Leserinnen und Leser, die zu **bestimmten Sachverhalten** Stellung nehmen wollen.

Wenn du mit deinem Leserbrief überzeugen willst, musst du über das Thema, zu dem du Stellung nimmst, ausreichend Bescheid wissen und deine Argumente dazu knapp und genau formulieren.

Wenn du dich auf einen Text (z. B. Zeitungsartikel, Leserbrief) beziehst, solltest du diesen genau lesen und die beschriebene Situation/das angeführte Problem richtig erkennen **(Ist-Zustand)**. Wenn du Lösungsvorschläge anführst, musst du das Ziel der gewünschten Veränderung **(Soll-Zustand)** formulieren.

Beispiel: (Textausschnitt aus einem Zeitungsartikel)
In der Massentierhaltung bekommen Tiere Antibiotika und Hormone verabreicht. Das kann langfristig unsere Gesundheit gefährden, wenn wir dieses Fleisch essen.

Ist-Zustand: Massentierhaltung kann unsere Gesundheit gefährden.
Soll-Zustand: Weg von der Massentierhaltung, hin zur artgerechten Haltung

Oft endet ein Leserbrief mit einem Appell (Aufruf) an die Leserschaft und fordert zur Mithilfe/zum Mitmachen auf.

Beispiel: (Letzter Satz eines Leserbriefes)
Ich möchte daher alle Konsumenten dazu aufrufen:
Kauft Qualitätsfleisch von Tieren aus artgerechter Haltung und achtet so auch auf eure Gesundheit!

Ü 45

Lies den folgenden Zeitungsartikel genau durch und beantworte die Fragen, indem du anschließend die Sätze vervollständigst!

- Welche Situation **(Ist-Zustand)** wird im Text beschrieben?
  Rauchen ist für Jugendliche ...
  In der Schule lernt man ...

- Welches Ziel zur Problemverringerung/-lösung **(Soll-Zustand)** könnte in einem Leserbrief angeführt werden?
  Rauchen muss für Jugendliche ... werden.
  Schule muss dabei ...

„In der Schule lernt man rauchen."

Von Neugierde und Gruppendruck geprägt, markiert der Glimmstängel für viele Jugendliche den Weg zum Erwachsenwerden und leider auch zur Sucht.

Fast jeder fünfte Dreizehnjährige raucht, von den 15-Jährigen sind es bereits 44 Prozent. Versuche und Projekte, Jugendliche vom Rauchen abzuhalten, scheinen das Gegenteil zu bewirken: Österreichs Jugend raucht mehr als jemals zuvor, und zwar regelmäßig.

Dabei stirbt weltweit alle sechs Sekunden ein Mensch an den Folgen des Tabakkonsums. Rauchen ist heute die wichtigste vermeidbare Ursache von Krankheit und vorzeitigem Tod. Wir wissen, dass die Hälfte aller Raucher an den Folgen ihrer Sucht stirbt, ein Viertel zwischen dem 35. und 69. Lebensjahr. Das bedeutet eine durchschnittliche Abnahme der Lebenserwartung um 20 bis 25 Jahre.

Mit einem ganzen Paket an Maßnahmen – drastische Tabaksteuererhöhung, rauchfreie Räume in Lokalen, Zugangsüberprüfung durch Bankomatkarte bei Zigarettenautomaten und mit der Anti-Raucher-Kampagne „Rauchfrei dabei" – will man insbesondere Jugendliche vor der Sucht bewahren.

Warum rauchen Jugendliche?
„Die meisten Jugendlichen rauchen ihre erste Zigarette aus Neugier und weil sie in ihrer Gruppe cool sein wollen", weiß Marian Zehner vom Institut für Jugendkulturforschung. „In der Schule lernt man rauchen", behauptet Zehner, „denn die meisten Jugendlichen rauchen vor dem Schulgebäude in den Pausen, um Stress abzubauen und um zu einer Gruppe dazuzugehören."

Eine Umfrage des Instituts für Jugendforschung zeigt auch, dass viele Jugendliche gerne aufhören würden, dabei aber wenig erfolgreich sind. Denn was aus Neugierde und Gruppenzwang anfängt, wird bald zur Sucht und diese ist oft ohne Hilfe schwer zu besiegen.
Tanja Haid, Jugendzeitschrift „Puls", Mai d. J.*

* d. J. = diesen Jahres

Gliederung eines Leserbriefes

1. **Überschrift** (Angabe des Themas)
2. **Einleitung** (Angabe der Zeitung und des Artikel-/Leserbrieftitels)
3. **Zusammenfassung** (der im Artikel/Leserbrief vorliegenden Aussage)
4. **Meinungsdarlegung** (Argumentation mit Beispielen und Beweisen)
5. **Zusammenfassung** der eigenen Argumentation
6. **Appell/Vorschläge** (an die Leserschaft)
7. **Abschluss** (Grußformel, Unterschrift/Name, Angabe der Adresse/des Ortes)

Ü 46

Eine Leserin hat zum oben angeführten Zeitungsartikel (Ü 44) ihre Meinung geäußert und einen Leserbrief geschrieben.
Ordne die Ziffern im Leserbrief den richtigen Begriffen, die unterhalb des Briefes angeführt sind, zu!

Rauchen ist uncool! [1]

Der Artikel „In der Schule lernt man rauchen." von Tanja Haid in der Mai-Ausgabe Ihrer Zeitschrift „Puls" hat mich sehr zum Nachdenken angeregt. [2]
In dem Bericht werden auf anschauliche Weise Fakten, Ursachen und Gefahren des Rauchens beschrieben. [3]
Ich bin eine 16-jährige Schülerin und war bis vor Kurzem selbst Raucherin. Fast jeden Schultag rauchte ich in der großen Pause – und oft auch schon vor Unterrichtsbeginn – umringt von anderen Rauchenden vor dem Schulgebäude meine Zigarette. Man fühlt sich einfach cool, mit seinem Glimmstängel lässig am Zaun der Schule zu lehnen, zu qualmen und mit seinen Freunden zu plaudern. Aber was ist wirklich cool daran? Die im Zeitungsartikel erwähnten Gefahren des Rauchens und erschreckenden Zahlen über die Todesopfer sind es nicht!
Viele der im Artikel erwähnten Maßnahmen (Tabaksteuererhöhung, rauchfreie Räume, Anti-Raucher-Kampagnen) erreichen uns Jugendliche nicht. Hier müsste mehr Aufklärung im Schulunterricht passieren. Ärzte und Betroffene sollten zu den Jugendlichen in die Schule kommen und mit ihnen sprechen und ihnen so die Gefahren und Auswirkungen des Rauchens vor Augen führen! [4]
Ich habe zu rauchen aufgehört und möchte auch meine Clique dazu animieren.
Es gibt genügend gute Argumente, mit dem Rauchen Schluss zu machen. Eines davon:
Alle sechs Sekunden stirbt ein Raucher! Der nächste kannst du sein!
Darum kann ich nur zusammenfassend schreiben: [5]
Lasst uns aufhören, uns Atemzug um Atemzug zu vergiften!
Cool ist, wer NEIN zur Zigarette sagt! [6]

Mit „rauchfreien" Grüßen
Manuela Fürtinger
Bad Ischl [7]

- [ ] **Einleitung** (Angabe der Zeitung, des Artikeltitels und der Autorin)
- [ ] **Meinungsdarlegung** (Argumentation mit Beispielen und Beweisen)
- [ ] **Appell/Vorschläge** (an die Leserschaft)
- [ ] **Zusammenfassung** der eigenen Argumentation
- [ ] **Abschluss** (Grußformel, Unterschrift/Name, Angabe der Adresse/des Ortes)
- [ ] **Überschrift** (Angabe des Themas)
- [ ] **Zusammenfassung** (der im Artikel vorliegenden Aussage)

Ü 47

Vervollständige den Leserbrief, der als Antwort auf den unten abgedruckten Zeitungsartikel „Bald Handyverbot in Österreichs Schulen?" verfasst wurde! Du findest vor dem Leserbrief – als Hilfestellung – Pro-/Kontra-Argumente!

Bald Handyverbot in Österreichs Schulen?

Frankreich will Schulkindern das Nutzen von Mobiltelefonen verbieten. Italien verhängt absolutes Handyverbot in den Schulen. Ärztekammer überlegt ähnliche Regelung für Österreich.

In Frankreich soll Kindern aus Gesundheitsgründen künftig das Nutzen von Mobiltelefonen in der Schule verboten werden. Das Umweltschutzgesetz sieht das Verbot für Kindergärten, in der Grundschule und der Unterstufe vor. Weiters wurde von der Regierung ein Verbot von Handywerbung, die sich an Kinder unter 14 richtet, festgesetzt. Die Abgeordneten hoben hervor, in der Bevölkerung gebe es wachsende Sorge um mögliche negative Auswirkungen elektromagnetischer Strahlung auf die Gesundheit. Das Gehirn sei den Strahlungen zu stark ausgesetzt.
Auch Italien geht gegen „Telefonierer" im Schulunterricht nun scharf vor – bald gibt es im angrenzenden Stiefelstaat ein absolutes Handyverbot in Schulen.

Ähnliche Regelung für Österreich?
Die Ärztekammer reagierte in einer Aussendung auf den Beschluss des französischen Senats und forderte eine ähnliche Regelung für Österreich. „Es wäre schön, wenn Österreich in Sachen Gefahren durch Mobiltelefone sofort reagieren und ein Handyverbot in Österreichs Schulen aussprechen würde", so der Präsident der Ärztekammer.

„Das tägliches Zeitungsblatt", 28.04. d. J.

Folgende Argumente bringt der Verfasser/die Verfasserin im Leserbrief vor!
Die unterstützenden Argumente wurden im Leserbrief bereits erwähnt.
Du musst nun die drei Gegenargumente im Leserbrief einfügen!

Pro-Argumente (= unterstützende Argumente) Was für das Verbot spricht:	**Kontra-Argumente (= Gegenargumente) Was gegen das Verbot spricht:**
• gesundheitliche Schäden (Strahlung) • unklare Auswirkungen (Folgeschäden)	• Durchführbarkeit (Kontrolle?) des Verbots? Wer? Wie? → Überprüfbarkeit praktisch unmöglich • Handy ist bei vielen schon kombiniert mit Kalender, PC, Internetzugang → Teil des Unterrichts • Eltern benachrichtigen (Unfall, Stundenentfall) → Anruf im Notfall

Handyverbot

Ich möchte mich zum Artikel „Bald Handyverbot in Österreichs Schulen?" in der Ausgabe Ihrer Zeitung „Das tägliche Zeitungsblatt" vom 28.04. d. J. zu Wort melden. In diesem Beitrag wird von möglicher negativer Auswirkung von Mobiltelefonen auf die Gesundheit geschrieben und daher über ein Handyverbot in Österreichs Schulen nachgedacht.

Ich teile die Meinung und die Sorge der Ärztekammer bezüglich möglicher gesundheitlicher Schäden für Kinder und Jugendliche, die durch Handys hervorgerufen werden können. Denn weitgehend ist noch unklar, wie sich elektromagnetische Strahlung auf das Gehirn auswirkt und mit welchen Folgeschäden wir rechnen müssen.

Daher ist es klar, dass es keinen sorglosen Umgang mit dem Handy geben darf und dass besonders Kinder und Jugendliche geschützt werden müssen! ...

Ü 48

Lies den folgenden Leserbrief gut durch und schreib die Punkte 1 bis 7 des Aufbaus (siehe S. 65, Gliederung eines Leserbriefes) an die richtige Stelle im Text!

Kinder richtig erziehen [1]

Im Heft 12, September d. J., las ich einen interessanten Artikel zum Thema „Kindererziehung heute“ von Dr. Werner Hofbauer.
In diesem Beitrag wird die mangelnde Erziehung unserer Kinder beklagt und auf die fehlende Erziehungsarbeit der Erwachsenen zurückgeführt.
Ich stimme dem Verfasser hier voll und ganz zu, aber möchte ergänzen, dass bei der richtigen Erziehung auch Wert auf eiserne Disziplin gelegt werden muss.
Erwachsene dürfen sich bei Erziehungsfragen nicht immer auf Diskussionen mit ihren Sprösslingen einlassen, denn da kommt nicht viel heraus. Ich vertrete vielmehr die Ansicht, dass bei störrischen Jugendlichen durchaus die „g'sunde Watschn“ ein wichtiges Erziehungsmittel ist. Auch wir Älteren haben als Kinder öfter Ohrfeigen bekommen. Sie haben uns nicht geschadet und wir haben dann Entscheidungen von unseren Eltern widerspruchslos hingenommen. Aus Angst vor der körperlichen Züchtigung haben wir mehr gefolgt.
Zusammenfassend möchte ich sagen, dass Vorbildwirkung und eiserne Disziplin die Grundpfeiler jeder Erziehung sein sollten. Eine „g'sunde Watschn“ hat noch niemandem geschadet!
Es bleibt abschließend zu hoffen, dass alle Erwachsenen bei der Erziehung an einem Strang ziehen, mit eiserner Disziplin und ohne Diskussion!

Mit freundlichen Grüßen
Gabriele H.
1220 Wien

„*Puls*“, Heft 14, November d. J.

Ü 49

Antworte auf den Leserbrief „Kinder richtig erziehen“ mit einem Leserbrief! Widersprich der Schreiberin darin, dass eine „g´sunde Watschn“ ein erfolgreiches Erziehungsmittel ist und niemandem schadet!

Hier – als Hilfestellung – einige Gegenargumente, die du im Leserbrief verwenden kannst:

- Disziplin in der Erziehung ist wichtig, jedoch sollte sie nicht mit körperlicher Züchtigung (Ohrfeigen, Schlägen) verbunden werden → seelische (psychische) Auswirkungen auf Kind/Jugendlichen, Schläge schaden
- Schläge sind kein Erziehungsmittel, erzeugen Angst und Aggression. Angst verschreckt das Kind/den Jugendlichen. Aggression erzeugt Gewalt und Geschlagene werden wieder zu Schlägern.
- Entscheidungen der Eltern sollten von Kindern hinterfragt werden können. Probleme sollten besprochen werden, Eltern sollten Erklärung geben, Einsicht der Kinder ist wichtig → Voraussetzung für erfolgreiche Erziehung

Beginne deinen Leserbrief so:

Kinder mit Liebe und Wertschätzung erziehen
In der Ausgabe vom November d. J. der Zeitschrift „Puls“ schreibt Gabriele H. …

10 Tipps für das Verfassen eines Leserbriefes

Tipp 1 Wenn du einen Leserbrief schreibst, solltest du in einer knappen und treffenden **Überschrift** das Thema angeben.

Tipp 2 Verfasse den Brief in einem **sachlichen, klaren Schreibstil** und gliedere den Text **übersichtlich**!

Tipp 3 In der **Einleitung** solltest du den **Titel** (Datum/Ausgabe) der Zeitung erwähnen und angeben, auf welchen **Artikel oder Leserbrief** (Titel, Verfasser) du dich beziehst.

Tipp 4 Fasse die **Aussage des Artikels/Leserbriefs**, auf den du dich beziehst, kurz – in ein bis zwei Sätzen – zusammen!

Tipp 5 **Nimm** zu den Argumenten des Artikels/Leserbriefs, auf den du dich beziehst, **Stellung**! Entgegne (= Gegenargumentation) und befürworte (= unterstützende Argumentation)!

Tipp 6 Lege nun **deine Meinung** mit **Argumenten, Beispielen und Beweisen** dar!

Tipp 7 Am Schluss kannst du deine Argumentation **zusammenfassen** und deinen Standpunkt noch einmal klar – in einem Satz – formulieren. (Was sollte sich ändern, wie sollte es sein?)

Tipp 8 Schließe mit einem **Appell** oder einem **Vorschlag** ab! (Was kann und sollte jeder dazu beitragen?)

Tipp 9 Setze Grußformel, Unterschrift/Name, Angabe der Adresse (Ort) unter dein Schreiben!

Tipp 10 Leserbriefe kannst du auch **per E-Mail** an eine Zeitung schicken!

Du möchtest mehr zum Thema „Leserbrief“ wissen? Mehr Beispiele findest du in „Aufsteigen in Deutsch – Texte verfassen 3“, G&G Verlagsgesellschaft mbH, Wien 2010.

Zusätzliche Themen zum Üben

Schreibe einen Leserbrief zu folgendem Zeitungsartikel!
Du unterstützt die Argumentation im Artikel und appellierst an die Konsumenten!

Billiges Fleisch müssen wir teuer bezahlen

Fleisch war noch vor Jahrzehnten ein Sonntagsessen, heute kommt es bei vielen Menschen täglich auf den Tisch. Jeder Österreicher isst pro Jahr rund 60 Kilogramm Fleisch. Am Supermarktregal entscheidet daher vor allem der Preis über den Kauf.
Die Bauern sollen billig produzieren, das ist aber nur bei Masttierhaltung mit kurzen Mastzeiten möglich.

Damit unter den vielen zusammengepferchten Tieren im Stall Seuchen erst gar nicht entstehen, bekommen die Masttiere Antibiotika, oft Hormone und andere Medikamente verabreicht, die auch für ein schnelleres Wachstum sorgen.

Laut Weltgesundheitsorganisation (WHO) kommt es durch den Einsatz von derartigen Mitteln in der Massentierhaltung zu immer widerstandsfähiger werdenden Krankheitserregern bei den Tieren. Das gefährdet langfristig unsere Gesundheit, wenn wir dieses Fleisch essen. Denn im Falle einer Infektion wirken die vom Arzt verschriebenen Antibiotika bei uns nicht mehr. Ein hoher Preis für billiges Fleisch!

Ein weiteres Problem der Massentierhaltung ist, dass die Nutztiere täglich für Millionen von Tonnen von Kot und Urin sorgen. In Österreich allein sind das 12 Millionen Tonnen Kot und 15 Millionen Tonnen Urin. Die so genannte Gülle muss aus dem Stall ausgespült werden und gelangt ins Grundwasser, daher ist die Umweltbelastung sehr hoch.

Was muss sich ändern?
Weg von der Massentierhaltung in engen Ställen – hin zur artgerechten Haltung mit Auslauf ins Freie und Stroh (Einstreu) am Stallboden! Mehr Platz für Tiere und ein Verbot von Gitter- und Spaltböden, durch die der Kot der Tiere fallen kann. Viele Tiere haben an den Klauen Verletzungen von den scharfen Kanten und Stäben am Boden.
Am wichtigsten ist aber eine Bewusstseinsveränderung bei den Konsumenten, denn beim Fleisch gilt: Qualitätsfleisch von Tieren aus artgerechter Haltung hat seinen Preis.

Artikel aus der Tierschutzzeitung „Tier4you", Mai d. J.

Schreibe einen Leserbrief zu folgendem Zeitungsartikel!

- Findest du im Artikel Fremdwörter, die du nicht kennst? Schlag sie im ÖWB nach!
- Überlege dir, welchen Standpunkt du vertrittst! Schließt du dich dem Ergebnis der Studie an, oder sind deine Erfahrungen andere?
- Welche Lösungsvorschläge siehst du, um das zum Schluss angeführte Problem zu verringern/zu beseitigen?
- An wen könntest du appellieren?

Jugend hat mit Computer Probleme

Jugendliche sind mit dem Computer groß geworden: Trotzdem sind sie oft wahre Schwächlinge, wenn es um das Arbeiten mit dem PC geht, sagt eine neue Studie.

Jugendliche sind keine Profis in Sachen Computeranwendungen. Obwohl sie eine Welt ohne Computer nicht kennen, denn die Rechner gehören zu ihrem Leben – ob in der Schule, in der Freizeit oder bei der Arbeit – und obwohl gerade sie sich im Internet oft wie zu Hause fühlen, ist es um die Kompetenz rund um den Computer junger Menschen schlecht bestellt. Zu diesem erstaunlichen Ergebnis kommen Experten im Auftrag des Bildungsministeriums in einer aktuellen Studie. Der Grund: In der Arbeitswelt reicht es nicht mehr aus, bloß einen Computer bedienen und im Internet surfen zu können. Vielmehr geht es um den Umgang mit Programmen, auch komplexer Art, in die man sich einarbeiten muss. Weiters, so die Studie, haben Jugendliche trotz all der Stunden, die sie mit dem Computer verbringen, Probleme, vernetzt zu arbeiten und Informationen zu hinterfragen und zu bewerten.

Spielen: JA! – Arbeiten: NEIN!

Viele sind nur in Computer-Spielen Experten, haben aber von anderen Anwendungen wenig Ahnung. Das macht es aber für Jugendliche schwer, sich in der Ausbildungs- und Arbeitswelt zu etablieren.

„Das tägliche Zeitungsblatt", 21.08. d. J.

Erörterung

Die Erörterung stellt dich vor eine **„Denkaufgabe"**.
Du sollst über ein **Sachthema informieren**, dazu Stellung nehmen und mit **Argumenten** andere von deiner Meinung überzeugen.

Beispiel:
Du diskutierst vielleicht öfter über dir wichtige Dinge mit Freunden, Eltern …,
z. B. ob du (mehr) Taschengeld bekommst, ob du abends länger fortgehen darfst usw.
Der Anlass der Diskussion ist in der Regel eine Meinungsverschiedenheit.

Bleiben wir beim Thema „Ist Taschengeld sinnvoll?":
Diskussionen beginnen, wenn Jugendliche mit ihrem Geld nicht auskommen, Eltern gar kein Taschengeld geben oder wenn eine aktuelle Situation vorliegt, dass z. B. deine Freunde mehr Taschengeld bekommen als du und du daher unzufrieden über deine Situation bist und diese ändern möchtest.
Du musst also gute Argumente finden, um deine Interessen durchzusetzen.

Entscheidungserörterung und Belegerörterung

Das **Thema** ist in der Regel als **Frage** formuliert, die du mit Ja oder Nein beantworten kannst.
Das **Ja** oder **Nein** zum Thema ist deine **These**.

Ist Taschengeld sinnvoll? = **Thema**

Taschengeld ist sinnvoll = **These**

Taschengeld ist nicht sinnvoll = **These**

Eine dieser Thesen erscheint dir aber wenig sinnvoll,
deshalb wirst du für die andere Argumente suchen.

Nicht alle Themafragen können mit Ja oder Nein (durch eine **Entscheidung**) beantwortet werden.
Bei der Themafrage „Warum besuchen Jugendliche einen Fußballverein?" ist es notwendig, viele Gründe **(Belegsammlung)** anzuführen und so die Frage zu erörtern.

Daher unterscheidet man **zwei verschiedene Thementypen** bei der Erörterung:

- **Entscheidungserörterung** (Pro- und Kontra-Erörterung)
- **Belegerörterung**

Ü 50

Finde heraus, um welchen Thementyp einer Erörterung es sich handelt! Schreibe E für Entscheidungserörterung und B für Belegerörterung!

1. Müssen Hausaufgaben sein – oder sind sie entbehrlich?
2. Vorteile und Gefahren des Computers
3. Welche Vorzüge, aber auch Gefahren bringt das Fernsehen?
4. Findest du, dass ein Haustier erzieherischen Wert für Kinder hat?
5. Schule ohne Noten. Glaubst du, dass das möglich ist?
6. Welche Vorzüge hat das Leben in der Stadt bzw. auf dem Lande?
7. Wie können wir zu Hause zum Umweltschutz beitragen?
8. Findest du, man sollte die Zigarettenwerbung verbieten?

Richtige Themenerfassung

Wichtige Voraussetzungen für das Gelingen deiner „Problemarbeit" sind, dass du das **Thema richtig erfasst** und **erkennst, worum es geht.** Dazu musst du die **Bedeutung der Wörter/Begriffe**, die in der Themenstellung vorkommen, wissen, musst erkennen, welche **Überlegungen zum Thema passen,** und darfst nicht von der Themenstellung abschweifen.

Bei Unkenntnis eines Wortes, z. B. „Zivilcourage", musst du dich über die Bedeutung informieren und die **Begriffsdefinition** im Wörterbuch, Lexikon oder in einer Internetsuchmaschine **nachschlagen**. Im ÖWB (Österreichischen Wörterbuch), das du auch bei deinen Deutschschularbeiten verwenden darfst, findest du unter „Zivilcourage" die Begriffserklärung: „Mut, für seine Meinung auch Nachteile zu riskieren".

Beachte weiters genau, welche Überlegungen zum Thema passen! So genannte **Themenverfehlungen** sind nicht selten die Folge von falsch verstandenen Begriffen und Abschweifungen vom eigentlichen Thema!

Beispiel:
Ist Zivilcourage notwendig oder bringt sie überflüssigen Ärger?

Du kannst nun das Thema für dich verständlicher formulieren, z. B. so:
Soll man den Mut haben (→ Ist es notwendig/überflüssig), für seine Meinung auch Nachteile zu riskieren?

Stoffsammlung – Brainstorming und Clustering

In der Stoffsammlung hältst du alles fest, **was dir zum Thema einfällt**.
Du **steckst** auch das **Umfeld der Themafrage** ab, indem du dir darüber Gedanken machst, welche Überlegungen zum Thema passen.

Verwechsle nicht das Sammeln von Einfällen (Stoffsammlung) und das Ordnen deiner Ideen (Gliederung)! Es sind **zwei Vorgänge**, die du trennen solltest: Zuerst sammeln, dann erst ordnen!

Ü 51 **Hier wurde eine Stoffsammlung von möglichen Antworten zur Themafrage „Warum besuchen Jugendliche einen Fußballverein?“ aufgelistet. Leider verfehlen manche Aussagen das Thema oder sind zu weit/zu allgemein gegriffen. Streiche die unpassenden Sätze durch und gib den Grund dafür an!**

Jugendliche besuchen einen Fußballverein, weil …

1. … sie Freude am Fußballspielen haben.
2. … sie einen Mannschaftssport ausüben wollen.
3. … sie schnell laufen können.
4. … sie talentiert sind und vielleicht einmal Profispieler/in werden wollen.
5. … sie gerne an der frischen Luft sind.
6. … sie nichts Besseres zu tun haben.
7. … sie an Fußballturnieren teilnehmen wollen.
8. … ihnen am Nachmittag fad ist.
9. … sie dort Freunde/Gleichgesinnte treffen.
10. … sie am Grundgedanken der Olympischen Spiele („Dabei sein ist alles.“) festhalten.

Wenn dir zum Thema nichts oder nur wenig einfällt, dann kannst du eine bewährte Methode zum Sammeln von Ideen anwenden: das **Brainstorming**.
Du schreibst **spontan alle Einfälle** zum Thema **stichwortartig** auf.
Nach einer kurzen Nachdenkpause untersuchst du diese Notizen auf ihre Brauchbarkeit hin: Unbrauchbares wird gestrichen, Brauchbares eventuell ergänzt.

Eine weitere Möglichkeit, Gedanken gezielt zu sammeln, ist das **Clustern** (siehe S. 4).

Beispiel:
Brainstorming zum Thema: Warum besuchen Jugendliche einen Fußballverein?

- sportliche Aktivität unter kompetenter Anleitung eines Trainers → Gesundheit, Trainingserfolg
- ~~sportlich (laufen)~~

- Treffen von Freunden/Gleichgesinnten → Gemeinschaft
- ~~Bewegung im Freien~~
- Mannschaftssport → Teamgeist → Durchsetzungsvermögen
- Ziel, Profispieler/in zu werden → Erfahrung sammeln → Karriere
- Vereinsaktivitäten (Sportfeste, Weihnachtsfeier, Turniere ...)
- ~~Sportbegeisterung~~
- sinnvolle Freizeitgestaltung → Ausgleich zu sitzender Tätigkeit → Schule, Computerspielen
- ~~olympische Idee~~

Beispiel:
Clustering zum Thema: Warum besuchen Jugendliche einen Fußballverein?

Es gibt keine richtige oder falsche Art, Stoff für deine Erörterung zu sammeln. Beim Brainstorming oder Clustering ist alles erlaubt. Du musst nur darauf achten, dass du nicht vom Thema abschweifst (Gefahr der Themenverfehlung!).

Ü 52

Ergänze die einzelnen Argumente mit Beispielen (3-B-Schema!)

Jugendliche besuchen einen Fußballverein, weil ...

... sie sportliche Aktivität unter kompetenter Trainingsleitung leisten.

Beispiel:
Fußballtrainer gibt Anweisungen/erstellt Trainingsplan,
kommt Trainingserfolg und Gesundheit zugute

… sie Freunde/Gleichgesinnte treffen.

Beispiel:

… sie einen Mannschaftssport ausüben wollen.

Beispiel:

… sie das Ziel haben, Profispieler/in zu werden.

Beispiel:

… sie Vereinsaktivitäten schätzen.

Beispiel:

… dies eine sinnvolle Freizeitgestaltung ist.

Beispiel:

Ü 53 **Sammle nun Gedanken zum Thema „Ist Taschengeld sinnvoll?" Verwende eine für dich passende Methode (Brainstorming, Clustering oder deine eigene)! Schreibe in dein Übungsheft!**

Ü 54 **Formuliere nun aus den Überlegungen Argumente! Schreibe jeweils zwei weitere Argumente auf! Beachte das 3-B-Schema (Behauptung – Begründung – Beispiel)!**

Taschengeld ist sinnvoll, weil …

- … Jugendliche den Umgang mit Geld lernen.
  Beispiel: Geld selbst einteilen, sparen für Anschaffungen
-
-

Taschengeld ist sinnlos, weil ...

- ... Jugendliche alles Notwendige von den Eltern bekommen.
  Beispiel: Kleidung, Schulsachen, Geld für Spiele und Kino ...
- ____
  ____
- ____
  ____

Argumente gekonnt gliedern

Für die in der Stoffsammlung gefundenen Ideen, die du als **Argumente formuliert** hast, musst du dir eine **Gliederung überlegen**.
Du musst entscheiden, in welcher **Reihenfolge** du die Argumente in der Erörterung anführen willst. Wichtig ist, dass deine Arbeit eine für den Leser/die Leserin **nachvollziehbare gedankliche Gliederung** hat.

In deiner Gliederung bringst du die in der Stoffsammlung gefundenen Ideen zwar in eine logische Reihenfolge, aber du kannst beim Gliedern deiner Argumente vorher gesammelte Ideen verwerfen oder neu formulieren, wenn du nun einen besseren Einfall hast.

Gliederungsvarianten:

1. Bei der **Belegerörterung** sind in der Stoffsammlung schon einzelne **Bereiche/ Themenblöcke** entstanden, die du nacheinander **abhandeln** kannst **(Argumentationskette)**. Du kannst Argumente nach ihrer Wichtigkeit anordnen (Steigerung) und so das stärkste Argument für den Schluss aufheben.
2. Bei der **Entscheidungserörterung** (Pro- und Kontra-Erörterung) kannst du zunächst **alle Pro-Argumente aneinanderreihen** und **dann alle Kontra-Argumente** – oder umgekehrt.
3. Die schwierigere Variante, bei der **Entscheidungserörterung** abwechselnd auf jeweils **ein Pro-Argument mit einem Kontra-Argument** zu antworten, ist ebenfalls möglich. Auch hier kannst du das stärkste Argument zum Schluss bringen (Steigerung).

zu 1.:
Beispiel für die **Gliederung einer Belegerörterung** (Argumentationskette):
Warum besuchen Jugendliche einen Fußballverein?

Einzelne Bereiche werden nacheinander abgehandelt (Reihenfolge veränderbar):
a) Treffen von Freunden/Gleichgesinnten
b) Mannschaftssport

c) sportliche Aktivität unter kompetenter Anleitung eines Trainers

d) Ziel, Profispieler/in zu werden

e) sinnvolle Freizeitgestaltung

f) Vereinsaktivitäten

zu 2.:
Beispiel für die Gliederung einer **Entscheidungserörterung** (**Aneinanderreihung** aller Pro-Argumente, dann aller Kontra-Argumente): „Ist Taschengeld sinnvoll?"
Es ist auch möglich, zuerst die Kontra-Argumente zu schreiben, dann die Pro-Argumente.

1. Pro-Argument: Umgang mit Geld lernen
2. Pro-Argument: Wirklichkeit besser einzuschätzen lernen
3. Pro-Argument: Selbständigkeit lernen
1. Kontra-Argument: bekommen ohnehin alles Notwendige von den Eltern
2. Kontra-Argument: Eltern können nicht überprüfen, was mit dem Geld gekauft wird

zu 3.:
Beispiel für die Gliederung einer Entscheidungserörterung (abwechselnd folgt auf jeweils ein Pro-Argument ein Kontra-Argument):
„Sollen Kinder einen eigenen Fernseher im Zimmer haben?"
Hier muss das Kontra-Argument direkt auf das Pro-Argument Bezug nehmen.

1. Pro-Argument (für eigenen Fernseher): Familie oft Streit → welche Serien/Filme geschaut werden sollen
1. Kontra-Argument: spätes/verbotenes Fernsehen → Kontrolle der Eltern?
2. Pro-Argument: Möglichkeit, Sender und Fernsehgerät zu sperren
2. Kontra-Argument: zusätzliche Kosten durch Fernseherkauf
3. Pro-Argument: Kosten mit Erspartem, Taschengeld, Geburtstagsgeld … zahlen
3. Kontra-Argument: Geldverschwendung

Ü 55

Überlege nun, wie du bei folgender Themafrage vorgehst!
Beantworte folgende Punkte und schreibe deine Ideen in dein Übungsheft!

Müssen Hausaufgaben sein – oder sind sie entbehrlich?

- Entscheide zuerst, welcher Thementypus (Entscheidungs- oder Belegerörterung) vorliegt!
- Erstelle dann die Stoffsammlung (eventuell Brainstorming oder Clustering)!
- Formuliere anschließend die (Pro-/Kontra-)Argumente!
- Überlege dir zuletzt eine Gliederungsvariante für sie!

Du kannst auch die in der Stoffsammlung gefundenen Argumente mit + oder – kennzeichnen und dir somit eine Gegenüberstellung (in Rasterform +/–) ersparen (siehe Lösungsteil).

Argumente gekonnt verbinden

Einleitungen bzw. Überleitungen **nehmen den Hauptgedanken des vorangehenden Arguments** nochmals **auf** und verbinden ihn mit dem nächsten Argument. Es gibt eine Reihe von **„Sprachformeln"**, die man lernen kann, um **Argumente gekonnt zu verbinden**.

- **Einleitung des ersten Arguments:**

  Zunächst/Zuerst   An erster Stelle ...   Erstens ...   Als Erstes ist hier ... zu nennen

- **Einleitung des zweiten Arguments/Überleitung zum zweiten Argument:**

  Ebenso ...   Außerdem ...   Hinzu kommt, dass ...   Ein weiterer Aspekt ist ...
  Nicht weniger wichtig ist ...   Weiters ...

- **Einleitung des dritten Arguments/Überleitung zum dritten Argument:**

  Vor allem aber ...   Schließlich ...   Drittens ...   Nicht zuletzt ...
  Zum Schluss sei noch genannt ...   Weiters

- **Einleitung des Schlussteils/Überleitung zum Schlussteil:**

  Aus den soeben genannten Gründen meine ich/bin ich der Meinung, dass ...
  Aus diesen Gründen ...
  Daher/Deshalb ...

Weitere Formulierungshilfen, die ...

- **Gegensätze betonen:**

  Einerseits ...   andererseits ...   demgegenüber ist aber auch zu bedenken ...
  dem steht allerdings entgegen ...   trotz all dieser Gründe/dieses Grundes darf jedoch auch nicht übersehen werden, dass ...   zwar ...   aber ...

- **eine Steigerung signalisieren:**

  Besonders wichtig aber erscheint mir ...   schließlich ...
  Von außerordentlicher Wichtigkeit ist aber ...   am deutlichsten zeigt sich dies ...

Ü 56

Verbinde die drei folgenden Argumente und finde dafür aus den oben angeführten „Sprachformeln" Einleitungen/Überleitungen! Markiere diese! Vervollständige die Aufgabe in deinem Übungsheft!

- Taschengeld ist sinnvoll, weil Jugendliche den Umgang mit Geld lernen.
- Taschengeld ist sinnvoll, weil Jugendliche dadurch ihre Wirklichkeit besser einzuschätzen lernen.
- Taschengeld ist sinnvoll, weil Jugendliche dadurch selbständiger werden.

Zunächst ist anzuführen (zu erwähnen), dass Taschengeld sinnvoll ist, weil ...

Ü 57

Suche nun aus den oben angeführten Formulierungshilfen weitere aus, mit denen du den Gegensatz der folgenden Argumente hervorheben kannst! Markiere die Einleitungswörter!

- Taschengeld ist sinnlos, weil Jugendliche ohnehin alles Notwendige von den Eltern bekommen.
- Taschengeld ist sinnvoll, weil Jugendliche den Umgang mit Geld lernen.

Einerseits ist Taschengeld sinnvoll, weil Jugendliche den Umgang mit Geld lernen, **andererseits** bekommen sie ohnehin alles Notwendige von den Eltern.

Ü 58

Signalisiere nun eine Steigerung in der Aneinanderreihung der folgenden beiden Argumente! Suche von oben passende Formulierungen!

- Taschengeld ist sinnvoll, weil Jugendliche dadurch ihre Wirklichkeit besser einzuschätzen lernen.
- Taschengeld ist sinnvoll, weil Jugendliche dadurch selbständiger werden.

Beispiel:
Taschengeld ist sinnvoll, weil Jugendliche dadurch ihre Wirklichkeit besser einzuschätzen lernen. **Besonders wichtig aber erscheint mir**, dass Jugendliche dadurch selbständiger werden.

1. Taschengeld ist sinnvoll, weil Jugendliche dadurch ihre Wirklichkeit besser einzuschätzen lernen. **Von außerordentlicher Wichtigkeit ist aber**, dass ...

2. Taschengeld ist sinnvoll, weil Jugendliche dadurch ihre Wirklichkeit besser einzuschätzen lernen und ...

3. Taschengeld ist sinnvoll, weil Jugendliche dadurch ihre Wirklichkeit besser einzuschätzen lernen.

Gliederung der Erörterung

Überlege dir eine **klare Gesamtgliederung** für deine Erörterung:
Einleitung – Hauptteil – Schluss!

Die **Einleitung** soll zum Thema **hinführen** und zum Weiterlesen **anregen**. Daher sollte sie nicht zu lang sein.

Vermeide Floskeln wie „Ich werde im Folgenden erörtern" oder „Nachdem ich nun die Vorteile aufgezeigt habe, will ich mich den Nachteilen zuwenden ...". Sie klingen holprig und sind wenig informativ!

Mehrere Möglichkeiten für eine gelungene Einleitung bieten sich an. Aber achte darauf: Nicht jede Möglichkeit ist für jedes Thema auch passend!

- **Ausgehend von persönlicher Erfahrung**
  Beispiel: Streit mit deinen Eltern über Taschengeld
- **Erwähnen eines aktuellen Anlasses**
  Beispiel: Diskussion über ein aktuelles Thema → Meinungsverschiedenheit, Vorfall in der Schule, Berichterstattung in den Nachrichten/Zeitungen ...
- **Rückblick**
  Bei manchen Themen bietet sich ein (geschichtlicher) Rückblick an, z. B. bei der Themenstellung „Warum besuchen Jugendliche einen Fußballverein?" → Was motivierte Jugendliche früher, was heute, einen Fußballverein zu besuchen?
- **Begriffsdefinition**
  Die Definition „Was ist Taschengeld?" bietet sich weniger an, aber z. B. bei der Themafrage „Ist Zivilcourage notwendig oder bringt sie überflüssigen Ärger?" kannst du mit einer Begriffsdefinition von „Zivilcourage" beginnen.

Ü 59

Schreibe unterschiedliche Einleitungen zu folgenden Themen in dein Übungsheft! Wähle verschiedene aus den obigen Möglichkeiten aus!

1. Ist Zivilcourage notwendig oder bringt sie überflüssigen Ärger?
2. Warum besuchen Jugendliche einen Fußballverein?
3. Ist Taschengeld sinnvoll?
4. Müssen Hausaufgaben sein – oder sind sie entbehrlich?

Der **Hauptteil** sollte der umfangreichste Teil deiner Arbeit sein. Hier bringst du die **Argumente** – gekonnt gegliedert und gekonnt miteinander verbunden – vor (siehe vorhergehende Kapitel). Vergiss nicht, nach jedem Argument eine neue Zeile zu beginnen!

Der **Schluss** sollte deine Erörterung abschließen und einen wirksamen Eindruck beim Leser/bei der Leserin hinterlassen.
Folgende Möglichkeiten bieten sich für seine Gestaltung an:

- **Schlussfolgerung**
  Aus den im Hauptteil genannten Gründen ziehst du daher einen Schluss.
- **Zusammenfassung**
  Hinweis auf die wichtigsten Punkte
- **Ausblick**
  Ein von dir formulierter Ausblick in die Zukunft wird gegeben.
  Was ist zu tun, zu beachten, zu befürchten, zu hoffen ...?

Ü 60

Gib an, welche der angeführten Möglichkeiten bei folgenden Schlussteilen von Erörterungen gewählt wurde!

1. Zusammenfassend kann daher gesagt werden, dass verantwortungsvoller, kritischer Umgang mit Geld und die Selbständigkeit, über sein Geld eigenverantwortlich zu entscheiden, wichtige Schritte ins Erwachsenenleben sind. Als Jugendlicher lernt man dabei, Verantwortung für sein Handeln zu übernehmen. Taschengeldbezug ist daher meiner Meinung nach für die positive Entwicklung eines Jugendlichen unverzichtbar.

2. Aus den soeben genannten Gründen meine ich, dass Zivilcourage zwar Ärger bringen kann, aber notwendig ist, denn es gibt – wie erwähnt – Situationen, in denen man für andere eintreten und gegen andere auftreten muss. Sonst wird man früher oder später selbst getreten.

3. Für die Zukunft heißt das, dass sich bei den Konsumenten eine Bewusstseinsänderung einstellen wird müssen. Denn auch beim Fleisch gilt: Qualitätsfleisch von Tieren aus artgerechter Haltung hat eben seinen Preis!

Ü 61

Finde in der folgenden Erörterung Einleitung (E), Hauptteil (H) und Schluss (S) und kennzeichne sie am rechten Rand mit E, H, S!
Nummeriere die drei Argumente im Hauptteil und markiere die verwendeten „Sprachformeln“, die verwendet wurden, um die Argumente gekonnt zu verbinden!

Ist Taschengeld sinnvoll?

Erst letzte Woche hatte ich mit meinen Eltern eine längere Diskussion zum Thema Taschengeld. Sie sind nämlich der Meinung, dass ich kein Taschengeld brauche, weil ich ohnehin schon alles hätte, und wenn ich Geld bräuchte, solle ich mich einfach an sie wenden. Ich möchte aber jede Woche eine feste Summe haben und nicht jedes Mal um Geld betteln. Ich bin der Meinung, dass Taschengeld für Jugendliche sinnvoll ist.

Als Erstes ist anzuführen, dass Taschengeld für Jugendliche deshalb sinnvoll ist, weil sie dadurch den verantwortungsvollen Umgang mit Geld lernen. Sich eine bestimmte Geldsumme über eine Woche oder einen Monat gut einzuteilen, ist nicht so einfach und verlangt vorausblickendes Handeln, das man als Erwachsener benötigt und deshalb schon als Jugendlicher lernen muss. Der Teenager kann selbst entscheiden, ob er sein Taschengeld spart oder ausgibt. Wenn er sich sein Geld gut einteilt, kann er sich auch einmal etwas Besonderes leisten, z. B. eine gute Sportausrüstung oder ein Computerspiel.

Ein weiterer wichtiger Aspekt ist, dass der Jugendliche nicht nur den Umgang mit seinem Geld, sondern auch die Wirklichkeit, also den Wert des Geldes, besser einschätzen lernt. Da er nur über eine bestimmte Summe verfügt, wird er die Artikel, die er sich kaufen möchte, genauer und kritischer betrachten.

Er vergleicht z. B. das Marken-T-Shirt mit anderen gleichwertigen Produkten, ehe er den Artikel wirklich kauft. Ein T-Shirt mit einem „No-Name-Aufdruck" kostet oft nur die Hälfte der „Nobelmarken". Aufgrund dieser Erkenntnis kann der Käufer viel Geld sparen.

Nicht zuletzt sei erwähnt, dass neben dem kritischen Umgang mit dem Warenwert der Jugendliche auch Selbständigkeit gewinnt. Denn er entscheidet selbst, was er für sein Taschengeld kaufen möchte. Hat er sein Geld bereits für Kleidung oder CDs ausgegeben, muss der Jugendliche selbst diese Entscheidung tragen und kann nicht seine Eltern zur Verantwortung ziehen, wenn er z. B. noch Geld für einen Kinobesuch bräuchte.

Zusammenfassend kann daher gesagt werden, dass verantwortungsvoller, kritischer Umgang mit Geld und die Selbständigkeit, über sein Geld eigenverantwortlich zu entscheiden, wichtige Schritte ins Erwachsenenleben sind, weil man als Jugendlicher dabei lernt, Verantwortung für sein Handeln zu übernehmen.

Taschengeldbezug ist daher meiner Meinung nach für die positive Entwicklung eines Jugendlichen unverzichtbar.

(353 Wörter)

Ü 62

Schreibe nun selbst eine Erörterung zur Themenstellung „Warum besuchen Jugendliche einen Fußballverein?" in dein Übungsheft! Stoffsammlung (Brainstorming, Clustering) und die formulierten Argumente findest du auf S. 75, eine mögliche Gliederung auf S. 78! Vielleicht möchtest du die Einleitung von L 59 übernehmen.

Ü 63

Finde in der folgenden Erörterung Einleitung (E), Hauptteil (H) und Schluss (S) und kennzeichne sie am rechten Rand mit E, H, S!
Nummeriere die Argumente im Hauptteil und markiere die verwendeten „Sprachformeln"!

Warum besuchen Jugendliche einen Fußballverein? In der Zeit, als meine Großeltern Jugendliche waren, gab es kein derart übergroßes Freizeitangebot wie heute. Vereine, insbesondere Sport- und Fußballvereine, waren oft die einzige Möglichkeit, seine Freizeit mit sportlichen Aktivitäten zu gestalten. Heute ist das anders, denn wir Jugendlichen können aus einer Vielzahl an Angeboten wählen. Dennoch entscheiden sich viele Jugendliche, vor allem Buben, aus den unterschiedlichsten Gründen einem Fußballverein beizutreten. Zuerst möchte ich das für einen sportbegeisterten Jugendlichen wohl stärkste Argument, warum er einen Fußballverein besucht, nennen: Er trifft dort Freunde und Gleichgesinnte. Gemeinsame Interessen verbinden. Die Zugehörigkeit zu einem Verein fördert die Gemeinschaft, was wiederum sehr wichtig für einen Mannschaftssport ist. Besonders wichtig aber erscheint mir weiters, dass das Zusammenspiel nicht nur den Teamgeist stärkt, sondern das eigene Durchsetzungsvermögen fördert. Wer sich mit dem Ball durchsetzen kann, kann auch seine Interessen in der Schule und später im Beruf besser durchsetzen. Daher ist Fußball nicht nur etwas für Buben, sondern auch für Mädchen. Ein weiterer Grund, warum man in einem Fußballverein trainiert, kann sein, dass man unter kompetenter Anleitung eines Trainers richtig trainiert und größeren Trainingserfolg hat. Tipps und Hilfestellung eines erfahrenen Trainers kommen der Gesundheit und auch dem sportlichen Erfolg zugute. Denn vor allem der Wunsch, Profispieler oder Profispielerin zu werden und Aufstiegschancen in eine bessere Liga zu bekommen, motiviert Jugendliche im Verein zu spielen. Ein nicht weniger wichtiges Argument, dass Fußballspielen in einem Verein eine sinnvolle Freizeitgestaltung sei und einen Ausgleich zur sitzenden Tätigkeit in der Schule und zu Hause vor dem Computer darstelle, bringen wahrscheinlich Eltern sportbegeisterter Jugendlicher vor. Nicht zuletzt sind auch die Vereinsaktivitäten für viele Jugendliche ein Grund, einem Fußballverein anzugehören. Denn Turniere, Sportfeste und Weihnachtsfeiern sind willkommene Höhepunkte im Leben eines Fußballspielers bzw. einer Fußballspielerin. Schließlich kann gesagt werden, dass die Gründe jedes Einzelnen, einem Fußballverein anzugehören, sehr unterschiedlich sein können. Aber ein Grund, nämlich dass alle Vereinsmitglieder Begeisterung für die weltweit beliebteste Mannschaftssportart zeigen, ist ihnen gemeinsam. (316 Wörter)	

Ü 64

Um IN und nicht OUT zu sein, folgen Jugendliche oft allen möglichen Trends.
Soll man Modetrends wie Piercing, Tattoo und Mehndi folgen?

- Im Folgenden findest du Informationsmaterial, das du als Grundlage für deine Argumentation verwenden solltest. Wichtiges ist bereits unterstrichen!
- Schreibe, bevor du mit deiner Erörterung beginnst, eine Stoffsammlung und eine Gliederung in dein Übungsheft!
- Möchtest du noch etwas Hilfe, dann nimm dir die bereits verfasste Stoffsammlung und die erstellte Gliederung, die du auf der nächsten Seite findest, her und schreib nun deine Erörterung!
- Benötigst du zusätzliche Hilfe, dann lies im Lösungsteil die Erörterung durch, bevor du deine eigene verfasst!

Mode

Was heute IN ist, kann morgen schon wieder OUT sein. Auch dein eigener Stil kann sich wandeln. Was du heute schön findest, kann für dich morgen schon unpassend sein.

Körperschmuck

Die Geschichte des Körperschmucks ist uralt. Für Naturvölker gilt Körperschmuck als Mittel zur Magie. Priester im alten Ägypten piercten ihre Bauchnabel. Punks in den 1970er Jahren stachen sich Sicherheitsnadeln durch die Haut als Zeichen des Widerstands. Heute ist es hauptsächlich Mode (Bauchnabel-Piercing, Tätowierung ...).

Piercing

Beim Piercing wird die Haut an unterschiedlichen Stellen wie Nase, Ohren, Lippe, Augenbrauen, Bauchnabel oder Zunge mit einer speziellen Nadel durchstochen, um Ringe, Stäbchen oder andere Teile anzubringen.
Beim Piercen verletzt man die Haut, der Heilungsprozess dauert einige Wochen. Gesundheitsrisiken gibt es wegen Infektionen (oft durch mangelnde Hygiene), Schädigung der Nervenbahnen, Allergien und wuchernder Narbenbildung.
Bei Piercings im Mund können Zähne, Zahnfleisch und Kieferknochen geschädigt werden.
Das Piercen von Jugendlichen ist in Österreich erst ab dem 18. Lebensjahr erlaubt. Bis zum 14. Lebensjahr müssen die Eltern zustimmen. Nach dem 14. Lebensjahr sind Piercings auch ohne Zustimmung der Eltern erlaubt, wenn davon auszugehen ist, dass die Verletzungen innerhalb von 24 Tagen heilen.

Tattoo

Beim Tattoo werden Farbstoffe in die Haut eingebracht. Heute werden die Bilder mit elektronischen Geräten, mit denen Farbe unter die Haut gespritzt wird, gestochen.
Die Schmerzhaftigkeit und auch der Heilungsprozess sind unterschiedlich. Gesundheitsrisiken gibt es aufgrund von Entzündungen und Infektionen der Haut.
Tätowierungen sind Zeichnungen fürs Leben. Das heißt: Auch durch Laser, Abschleifen oder Säuren entfernte Tätowierungen hinterlassen Spuren (Narben).
Das Tätowieren von Jugendlichen unter 16 Jahren ist in Österreich verboten, ab 16 nur mit dem Einverständnis der Eltern, ab 18 erst erlaubt.

Mehndi

Ein Mehndi ist eine mit Henna auf die Haut aufgetragene Verzierung. Es ist eigentlich ein Tattoo auf Zeit. Es verblasst, bis es dann verschwindet.Henna, eine Pflanzenfarbe, wird mit chemischen Zusätzen verstärkt. Oft löst diese Mischung heftige Allergien aus.

Vorschlag für eine Stoffsammlung:

Um IN und nicht OUT zu sein, folgen Jugendliche oft allen möglichen Trends.
Soll man Modetrends wie Piercing, Tattoo und Mehndi folgen?

→ Entscheidungserörterung: Ja/Nein

Ja, denn ... (Pro-Argumente)	Nein, denn ... (Kontra-Argumente)
• IN zu sein, ist für viele (besonders für Jugendliche) sehr wichtig, da sie dadurch Anerkennung von Gleichaltrigen/der Clique bekommen (Gruppendruck). **(1)** • Jugendliche wollen durch diesen Körperkult oft etwas ausdrücken (Zugehörigkeit zu einer Gruppe, Protest gegen Autoritäten). **(2)** • Piercings, Tattoos und Mehndis sind Kunstwerke am Körper und man kann das Risiko minimieren, wenn man sich diese von Künstlern/Profis machen lässt. Wer nach dem 18. Lebensjahr seinen Körper verzieren lassen will, sollte dies aber nur in professionellen Studios (keine „Pfuscher" oder von „Künstlern" am Urlaubstrand) tun. Hygiene! **(6)**	• Gefährdung der Gesundheit besteht! Das Risiko, seinem Körper zu schaden, ist zu groß. Folgeschäden können sich auch erst später zeigen (Allergien bei Mehndis/Tattoos, bei Piercings z. B. Knochenverletzung). **(5)** • Eigene Einstellung/eigner Stil/Modetrend kann sich wandeln, durch Tattoos und Piercings geht man oft dauerhafte Entscheidungen ein (jugendlicher Leichtsinn – gezeichnet fürs Leben). **(3)** • Auch Entfernungen hinterlassen Narben und Mehndis lösen sich nicht (sofort) ganz auf, Piercinglöcher bleiben. **(4)**

Vorschlag für eine Gliederung:

Einleitung: Körperschmuck (geschichtlicher Rückblick) und Modetrends (heute)
Hauptteil: Pro-/Kontra-Argumente 1–6 (Reihenfolge: siehe oben)
Schluss: Zusammenfassung, persönliche Meinung

10 Tipps für das Schreiben einer Erörterung

Tipp 1 Wenn du eine Erörterung schreibst, musst du zu einem **Problem** in einem **sachlich formulierten Stil** Stellung nehmen und mit **Argumenten** überzeugen.

Tipp 2 Wichtig ist, dass du das **Thema richtig erfasst** und erkennst, **worum es geht.** Schlage die **Bedeutung der Wörter/Begriffe**, die im Thema vorkommen, nach und überlege dir, was **zum Thema gehört**! Schweifst du vom Thema (zu sehr) ab, besteht die Gefahr einer Themenverfehlung!

Tipp 3 Erstelle zuerst eine **Stoffsammlung** (evtl. mit Brainstorming oder Clustering), indem du Argumente bzw. Belege zum Thema sammelst!

Tipp 4 Du solltest die angeführten **Pro- und Kontra-Argumente** logisch **begründen und mit Beispielen belegen** (siehe 3-B-Schema)!

Tipp 5 Überlege dir eine **Gliederung für die Reihenfolge der Argumente** bzw. **Belege**!

Tipp 6 **Verwende** so genannte **„Sprachformeln“**, um Argumente gekonnt zu verbinden!

Tipp 7 Überlege dir eine **klare Gesamtgliederung** (Einleitung – Hauptteil – Schluss)!

Tipp 8 Die **Einleitung** soll zum Thema hinführen, der **Schluss** soll das Thema abrunden. Beide sollten keine Argumentation enthalten. Diese gehört in den **Hauptteil**.

Tipp 9 Eine gelungene Einleitung kannst du mit einer **persönliche Erfahrung,** durch Anknüpfung an einen **aktuellen Anlass,** mit einem **Rückblick** oder einer **Begriffsdefinition** erreichen. Nicht jede Möglichkeit ist jedoch für jedes Thema passend!

Tipp 10 Im **Schlussteil** kannst du **Schlussfolgerungen** aus deiner Argumentation anführen, die erwähnten Argumente **zusammenfassen** oder/und auf eine künftige Entwicklung hinweisen bzw. einen **Ausblick** geben.

Zusätzliche Themen zum Üben

- Schule ohne Noten. Glaubst du, dass das möglich ist?
- Wäre es von Vorteil, wenn deine Schule eine Ganztagsschule würde?
- Sind gute Manieren altmodisch oder heute auch noch notwendig?
- Ferienarbeit oder Erholung?
- Wie können wir zu Hause zum Umweltschutz beitragen?
- Welche Vorzüge, aber auch Gefahren bringt das Fernsehen?
- Sollten Kinder schon früh an PC und Internet herangelassen werden?
- Findest du, dass ein Haustier für Kinder wichtig ist?
- Sind Fernsehverbot, Taschengeldentzug und Ausgehverbot geeignete Erziehungsmittel? Wie würdest du deine Kinder erziehen?

Erörterung mit Textgrundlage

Bei einer Erörterung mit Textgrundlage gelten dieselben Regeln wie bei der „normalen“ Erörterung. Einziger Unterschied ist, dass du **einen Text** (meist Zeitungsartikel) zum Thema **beigelegt** bekommst. Aus dem Text musst du dir **Informationen** holen und diese in deiner Erörterung erwähnen.

Sehr wichtig ist, dass du die Textgrundlage genau durchliest und den Inhalt gut erfasst. Wichtige Informationen solltest du unterstreichen.

Richtig zitieren

Beachte folgende Regeln:

1. Anfang und Ende eines **wörtlichen Zitats** gehören unter **Anführungszeichen.** Werktitel, Zeitung, Zeitschrift, Internetseite mit Datumsangabe gehören ebenfalls unter Anführungszeichen gesetzt und müssen als Quelle in runder Klammer angegeben werden.
2. Wörtliche Zitate müssen **originalgetreu** (ohne Veränderung) übernommen werden.
3. Wenn man einen zusammenhängenden Text nicht vollständig zitiert, müssen die **Auslassungen mit rechteckigen Klammern** und drei Auslassungspunkten [...] gekennzeichnet werden.
4. Bei **sinngemäßem** (nicht wörtlichem) **Zitieren** dürfen **keine Anführungszeichen** gesetzt werden. Der Quellennachweis wird mit **vgl.** (= vergleiche) eingeleitet und in runde Klammer gesetzt.

Beispiele: *(Zitate stammen aus dem abgedruckten Artikel auf der nächsten Seite)*

zu 1 und 2:
„Im EU-Vergleich sind Österreichs Jugendliche beim Alkoholkonsum negative Spitzenreiter.“ (Simone Freytag, „Österreichs Jugendliche beim Alkoholkonsum Spitzenreiter“ in „PULS“, 30.06. d. J.)

zu 3:
„Im EU-Vergleich sind Österreichs Jugendliche beim Alkoholkonsum negative Spitzenreiter. [...] Das Gesundheitsministerium schlägt Alarm.“ (Simone Freytag, „Österreichs Jugendliche beim Alkoholkonsum Spitzenreiter“ in „PULS“, 30. 6. d. J.)

zu 4:
Aufgrund des Ergebnisses einer EU-Studie, in der Österreichs Jugendliche beim Alkoholkonsum negative Spitzenreiter sind, schlägt das Gesundheitsministerium Alarm. (vgl. Simone Freytag, „Österreichs Jugendliche beim Alkoholkonsum Spitzenreiter“ in „PULS“, 30. 6. d. J.)

Ü 65

Folgender Zeitungsartikel ist Textgrundlage für eine Erörterung.

1. Lies den Zeitungsartikel aufmerksam durch und unterstreiche die wichtigsten Informationen!
2. Fasse die wichtigsten Informationen des Textes mit eigenen Worten (in maximal zwei Sätzen) zusammen!

Österreichs Jugendliche beim Alkoholkonsum Spitzenreiter

Im EU-Vergleich sind Österreichs Jugendliche beim Alkoholkonsum negative Spitzenreiter. Das Bild der „braven" Jugendlichen wird durch die aktuelle EU-Schülerstudie angekratzt. Das Gesundheitsministerium schlägt Alarm.

Die 14- bis 16-Jährigen liegen beim Trinken im europäischen Spitzenfeld. Wie sich zeigt, sind Österreichs Jugendliche damit die trinkfreudigsten in ganz Europa. Jugendlichen unter 16 Jahren ist zwar der öffentliche Alkoholkonsum nicht erlaubt und harte Getränke dürfen erst an 18-Jährige ausgeschenkt werden, doch die Wirklichkeit sieht anders aus.

In ländlichen Gebieten hat jeder 12. Jugendliche ein Alkoholproblem und jeder 8. steht an der Kippe dazu. Bei jedem 5. Jugendlichen, der in Österreich stirbt, hat Alkohol die Hand im Spiel. Meist sind es tödliche Autounfälle, die die Folge von übermäßigem Alkoholkonsum sind, aber auch bleibende körperliche Schäden kann Alkohol bewirken. Obwohl sich der größte Teil der Bevölkerung strengere Regeln beim Umgang mit Alkohol wünscht, werden jedes Jahr mehr Alkoholvergiftungen bei Jugendlichen registriert.

Jugendanwalt Anton Schnell sagt dazu: „Die Gesetze werden nicht eingehalten. Junge Burschen und Mädchen trinken literweise Hochprozentiges. Süße Mischgetränke mit Wodka und Rum sind besonders bei Mädchen sehr beliebt. Auch hohe Geldstrafen (bis zu 14.500 €) schrecken Lokale nicht ab, Alkoholika an Kinder auszuschenken. So gut wie nie wird nach einem Ausweis gefragt. Ob Bier, Wein, Cocktails oder Schnaps, unter 16-Jährige haben in Österreich kein Problem, an Alkohol zu kommen." Jugendanwalt Schnell fordert mehr Kontrolle in Jugendlokalen und bessere Aufklärung der Jugendlichen über die Folgen und Schäden von Alkoholkonsum.

Das Gesundheitsministerium schlägt ebenfalls Alarm und sieht Handlungsbedarf: Es will die Lokalbesitzer und Wirte, die am Alkoholkonsum Jugendlicher und den damit verbundenen Alkoholvergiftungen maßgeblich beteiligt sind, auf Ersatzanspruch für angefallene Spitalskosten klagen. Außerdem fordert es eine Änderung der Gewerbeordnung. Künftig sollen Alkoholkonsum zum Einheitspreis (Flatrate*) und Wett-Trinken verboten werden.

Artikel vom 30.06. d. J., „PULS", Simone Freytag

* Man bezahlt einen Fixbetrag und kann so viel trinken, wie man will.

Ü 66

Welche Ursachen für das Problem, dass Österreichs Jugendliche beim Alkoholkonsum Spitzenreiter sind, siehst du?
Versuche auch Lösungsvorschläge, die das angeführte Problem verringern bzw. beseitigen könnten, in deiner Erörterung anzuführen!
Beziehe die Information der Textgrundlage mit ein!
Verfasse zuerst eine Stoffsammlung (Brainstorming) und eine Gliederung, die du in dein Übungsheft schreibst!

Ü 67

Hier wurde eine Erörterung (Thema siehe Ü 66) verfasst.

- Kennzeichne am Rand, wo sich in der Erörterung Einleitung (E), Hauptteil (H) und Schluss (S) befinden!
- In der Belegerörterung finden sich insgesamt 10 Argumente (6 Argumente zu „Ursachen für das Problem" und 4 Argumente zu den Lösungsvorschlägen). Finde sie und nummeriere sie von 1 bis 10!
- Beim Zitieren in der Erörterung wurden Fehler gemacht. Kennzeichne die Stellen am Rand mit Rufzeichen und verbessere sie!

Saufen ist cool! Angetrunkene und betrunkene Jugendliche, manche kaum älter als 14 Jahre, taumeln samstagnachts in den Gassen und auf den Plätzen österreichischer Städte und Orte herum. Immer wieder muss die Rettung ausrücken, um Betrunkene – darunter erschreckend viele Mädchen – in eines der umliegenden Krankenhäuser zu bringen, wo sie auf der Intensivstation landen. Tatsache ist, dass Alkohol für Jugendliche die Droge Nummer eins ist. Wer ein alkoholfreies Getränk bestellt, wird als „Weichei" bezeichnet, Cola gilt nur, wenn Rum enthalten ist. Ohne Rausch geht´s anscheinend nicht! Diese Schilderungen spiegeln das Ergebnis einer EU-Schülerstudie wider. Die 14- bis 16-jährigen österreichischen Jugendlichen liegen beim Trinken im europäischen Spitzenfeld. Bei jedem 5. Jugendlichen, der in Österreich stirbt, ist Alkohol im Spiel, meist sind es tödliche Autounfälle. Alkoholvergiftungen bei Jugendlichen nehmen seit Jahren zu. Das Gesundheitsministerium schlägt Alarm. (Simone Freytag, „Österreichs Jugendliche beim Alkoholkonsum Spitzenreiter" in „PULS", 30.06. d. J.) Das sind die Fakten. Aber welche Ursachen liegen dem Problem, dass Österreichs Jugend beim Alkoholkonsum Spitzenreiter ist, zugrunde? Zunächst einmal ist der Wunsch vieler Jugendlicher, „cool zu sein", lässig auf ihre Umwelt zu wirken, sich erwachsen zu fühlen, als eine Ursache für den übermäßigen Alkoholkonsum anzuführen. Weiters ist angetrunken oder betrunken zu sein bei vielen Jugendlichen positiv besetzt, denn in diesem enthemmten Zustand ist für sie erst Spaß möglich und alle Probleme scheinen gelöst zu sein – so nach dem Motto „Ohne Rausch geht´s nicht!" Hinzu kommt die Vorbildwirkung der Erwachsenen. Wird Alkohol in Übermengen von den Eltern konsumiert und sieht das Kind den unverantwortlichen Umgang mit Wein, Schnaps und Bier seiner Bezugspersonen, so wird es kaum anders handeln. Vor allem aber ist die Tatsache, dass unter 16-Jährige sehr leicht an Alkohol kommen können, eine der Ursachen für den hohen Alkoholkonsum Jugendlicher. Im bereits zitierten Artikel der Jugendzeitschrift „Puls" bestätigt dies der Jugendanwalt Anton Schnell und meint, dass auch hohe Geldstrafen Lokale nicht davor abschrecken, an Kinder Alkoholika, auch Hochprozentiges, auszuschenken.	

Er fordert mehr Kontrolle in Jugendlokalen und bessere Aufklärung der Jugendlichen über die Folgen und Schäden von Alkoholkonsum. (vgl. Simone Freytag, Österreichs Jugendliche beim Alkoholkonsum Spitzenreiter in „PULS“, 30.06. d. J.) Fehlende Aufklärung über gesundheitliche Schäden durch Alkoholkonsum, zu wenig Kontrolle und die verlockenden Angebote der Lokale, wie Wett-Trinken und ungehemmtes Trinken zu einem Fixbetrag, können junge Leute dazu animieren, über den Durst zu trinken. Wie kann nun das Problem des übermäßigen Jugendalkoholkonsums verringert oder beseitigt werden? An erster Stelle ist die bereits erwähnte Aufklärung über Folgen und Schäden durch Alkoholkonsum zu nennen. Dabei spielen natürlich die Eltern, aber auch die Schule eine wichtige Rolle. Weiters können mehr Kontrollen in Jugendlokalen, das Verbot von Flatrate-Angeboten und Wett-Trinken sowie hohe Geldstrafen bei Verstößen gegen diese Auflagen für Lokalbesitzer abschreckend wirken und zu einer Verringerung des Jugendalkoholkonsums beitragen. Schließlich kann auch der Vorschlag des Gesundheitsministeriums zur Verringerung des Problems beitragen. „Es will die Lokalbesitzer und Wirte, die am Alkoholkonsum Jugendlicher und den damit verbundenen Alkoholvergiftungen maßgeblich beteiligt sind, auf Ersatzanspruch für angefallene Spitalskosten klagen.“ [Simone Freytag, „Österreichs Jugendliche beim Alkoholkonsum Spitzenreiter“ in „PULS“, 30.06. d. J.] Vielleicht wäre auch eine Kampagne, so nach dem Motto „Ohne Rausch geht´s auch!“, eine Möglichkeit, dem positiven Image des Betrunkenseins entgegenzuwirken. Besonders wichtig aber scheint es mir, Jugendlichen im persönlichen Gespräch klarzumachen, dass Alkohol keine Lösung, sondern ein Problem ist – ein Problem, das andere Probleme mit sich bringt: Probleme in der Schule, Probleme mit den Eltern, Probleme in der Lehre, Probleme in der Clique, Probleme mit dem Freund oder der Freundin ... Wenn diese Botschaft ankommt, dann hat Alkohol vielleicht gar keine Chance! (595 Wörter)	

Zusätzliche Themen zum Üben

Computerspiele: Machen sie einsam, brutal und verursachen sie schlechte Schulnoten?

An Computerspielen wird vielfältig Kritik geübt.
Welche Kritikpunkte sind berechtigt, welche übertrieben?
Schreibe eine Erörterung und beziehe die Information der Textgrundlage (Zeitungsartikel) mit ein!
Berichte von deinen Erfahrungen und gib Empfehlungen für den Umgang mit Computerspielen!

Hilfestellung:
Erstelle zuerst eine Stoffsammlung und anschließend eine Gliederung für deine Arbeit!

Computerspiele sorgen für schlechtere Schulnoten

Je mehr Zeit Kinder und Jugendliche mit Computerspielen verbringen und je brutaler die Inhalte sind, umso schlechter sind die Schulnoten. Das sagte der deutsche Kriminologe Christoph Pfeffer im „Ö1-Morgenjournal" und verwies auf mehrere in letzter Zeit erstellte Studien. Gewaltspiele steigern nicht nur die Gewaltbereitschaft, sondern sie verringern auch die Konzentrationsfähigkeit.

„Wenn man aktiv in der Rolle des Tötens ist, der jubelnde Sieger, der möglichst viele schnell getötet hat, wirkt sich das auf Dauer negativ auf die Psyche aus", so der Leiter des kriminologischen Forschungsinstituts. Das Gehirn schüttet bei Erfolgen den Glücksbotenstoff Dopamin aus – und das passiere beim Erfolg mit ein paar Klicks eben häufiger und schneller als beim mühsam erarbeiteten Schulwissen. Zusätzlich würde die emotionale Wucht von Gewaltspielen die Kinder so sehr belasten, dass die Konzentrationsfähigkeit leide und das in der Schule Gelernte aus dem Kurzzeitgedächtnis verschwinde, statt im Langzeitgedächtnis zu landen.
Das spiegelt sich auch bei den Ergebnissen der internationalen Bildungsvergleichsstudie PISA wider. Jene Gruppen, die häufiger Computer spielen, schneiden schlechter ab. Buben bringen schlechtere Leistungen, weil sie viel stärker in die brutalen Medieninhalte einsteigen, als die Mädchen das tun.

„Das tägliche Zeitungsblatt", ONLINE 23.10. d. J.

Welchen Reiz, aber auch welche Risiken siehst du durch die extrem intensive Nutzung von **Online-Communities** (Kommunikationsplattformen im Internet)?
Welchen Reiz üben Online-Communities auf jugendliche User aus?
Welche Risiken gehen von ihnen aus?

Versuche Vorschläge für einen verantwortungsvollen Umgang mit ihnen zu geben und erläutere, warum du bei einer Kommunikationsplattform mitmachst bzw. nicht mitmachst!

Gehe so vor:

1. Lies den Zeitungsartikel aufmerksam durch und unterstreiche die wichtigsten Informationen!
2. Fasse den Text mit eigenen Worten (in maximal zwei Sätzen) zusammen!
3. Beginne mit einer Stoffsammlung und einer Gliederung!
4. Verfasse eine Erörterung und vergiss nicht, dich darin auf den Zeitungsartikel zu beziehen!

70 Prozent der Jugendlichen täglich in Online-Communities

Laut einer aktuellen österreichischen Studie wird die Selbstinszenierung im Internet immer wichtiger – ein Drittel surft via Handy.

70 Prozent der österreichischen Jugendlichen bewegen sich täglich in Online-Communities, fast ein Drittel steigt über das Handy ein. Gründe für die Nutzung sind soziale Kontakte und Zeitvertreib. Informationsbeschaffung spielt nur eine kleine Rolle. Die Internetnutzung Jugendlicher hat in den vergangenen Jahren rasant zugenommen. Annähernd alle Jugendlichen in Österreich haben Zugang zum Internet. Es ist zum Leitmedium der Jugendkultur geworden. Selbstinszenierung wird dabei immer wichtiger.

Zwischen 18.00 und 21.00 Uhr trifft man die meisten User an. Eine Sitzung dauert im Schnitt weniger als zehn Minuten (bei rund 30 Prozent der User), bei einem Drittel unter einer halben Stunde. Am meisten Spaß mache, laut der Studie, das Stöbern in Profilen. Jugendliche trauen sich via Community eher jemanden anzusprechen als „offline". Im Schnitt hat jeder Nutzer 100 bis 150 Freunde. Auf die Frage, wie viele sie davon schon persönlich getroffen hätten, antworteten 80 Prozent, dass sie diese zumindest vom Sehen kennen würden.

Von den persönlichen Daten werden am ehesten die Hobbys und andere Tätigkeiten verraten. Rund 70 Prozent posten eigene Fotos oder Filme. Lediglich fünf Prozent veröffentlichen ihre Handynummer. 90 Prozent der Nutzer glauben nicht, dass ihnen Dinge, die sie über sich selber posten, irgendwann Probleme bereiten könnten.

„PULS", Heft 9, 26.05. d. J.

Alles, was du in Deutsch können musst

4. Klasse HS/AHS/NMS

ISBN 978-3-7074-0756-3

Aufsteigen in Deutsch – Rechtschreiben 4

Die deutsche Rechtschreibung im Überblick, mit allen Regeln, Besonderheiten und Ausnahmen. Nach den klaren Erklärungen gibt es jeweils eine Vielzahl von Übungen und am Ende jedes Kapitels einen großen Schlusstest.

Mit den Bänden für die 4. Klasse und dem Ende der Pflichtschule ist der Grammatik- und Rechtschreibunterricht abgeschlossen.

Von nun an wird vorausgesetzt, dass die SchülerInnen die Unterrichtssprache mit allen Feinheiten beherrschen.

ISBN 978-3-7074-0751-8

Aufsteigen in Deutsch – Grammatik 4

Alles, was man zum perfekten Umgang mit Deutsch wissen muss – Wortlehre und Satzlehre mit allen Feinheiten.
Dazu gibt es 130 Übungen, mit denen die Regeln trainiert werden können.

Aufsteigen in Deutsch – Die neue Rechtschreibung

Der perfekte Band für alle, die sattelfest in der neuen Rechtschreibung sein müssen (nach der jetzt gültigen Neufassung von 2006).
Der Band ist bereits ab der 1. Klasse HS/AHS/NMS einsetzbar, dazu sind alle Übungen nach ihrem Schwierigkeitsgrad gekennzeichnet:
leicht; mittel; schwer
Das Buch ist auch ein hilfreiches Nachschlage- und Übungsbuch für die Oberstufe und alle Erwachsenen, die Deutsch noch nach der alten Rechtschreibung gelernt haben. Oder für jene, die zwar mit der neuen Rechtschreibung schon gearbeitet haben, aber nicht genau wissen, was sich mit der Neufassung von 2006 geändert hat.

ISBN 978-3-7074-0512-5

Schluss mit Problemen in Mathematik

4. Klasse HS/AHS/NMS

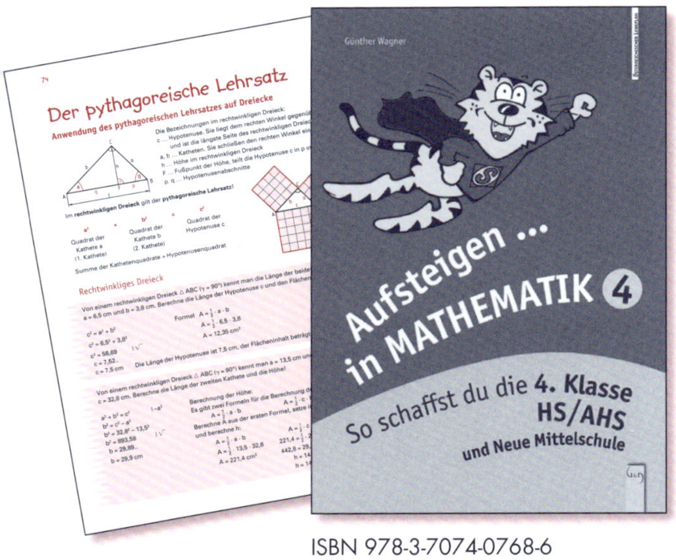

ISBN 978-3-7074-0768-6

Aufsteigen in Mathematik 4

Quadratzahlen und Quadratwurzeln, Rechnen mit Variablen, Gleichungen, Zinsenrechnung, Funktionen, Statistik, der pythagoreische Lehrsatz, der Kreis und seine Teile, Drehzylinder, Drehkegel und Kugel.

Aufsteigen Mathematik Schularbeiten 4

Wie bei den anderen Mathematik-Schularbeiten-Bänden der „Aufsteigen"-Reihe gibt es auch hier für jede der 4 Schularbeiten des Schuljahres mehrere Probeschularbeiten. Bei jedem Beispiel wird angeführt, zu welchem Stoffgebiet es gehört. So kann man ganz gezielt für die bevorstehende Schularbeit üben. Mit genau ausgearbeiteten Lösungen und Punktetabelle zur eigenen Beurteilung.

ISBN 978-3-7074-1291-8

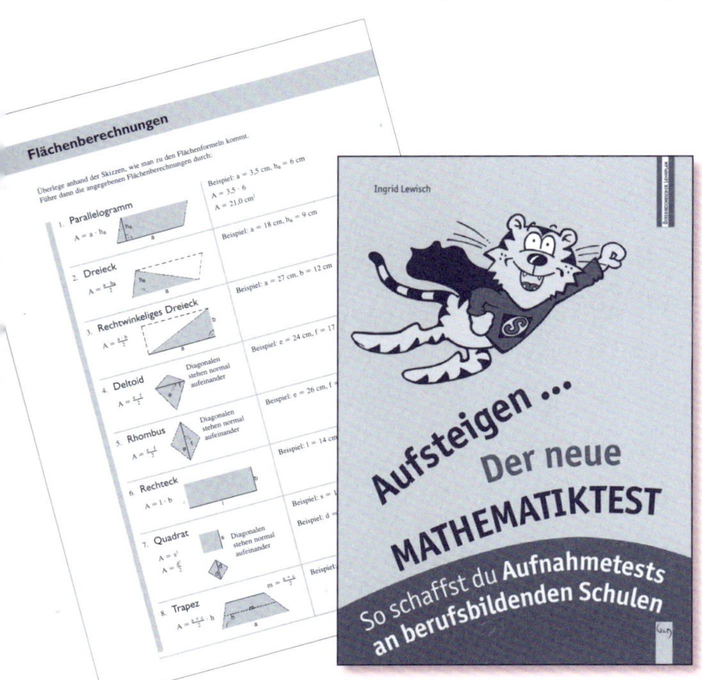

ISBN 978-3-7074-0876-8

Aufsteigen – Der neue Mathematiktest

Die perfekte Vorbereitung für Aufnahmetests an berufsbildenden Schulen oder für Bewerbungen um eine Anstellung in einem Betrieb.

- Teil 1 mit einer Übersicht über das mathematische Grundwissen aus Arithmetik und Geometrie
- Teil 2 mit Testaufgaben – Mathematik, wie man sie im Alltag braucht. Auch Kopfrechnen und logisches Denken kann man mit diesem Buch trainieren!

www.ggverlag.at

G&G

Er blickte sich um, suchte nach Menschen, nach Hilfe, nach einem Versteck ... Augenblicke später erstarrte er.
„Bleib unten. Es ist vorbei für dich!" Die Stimme war **eiskalt** und **erschreckend** nahe.
Der Junge drehte **langsam** den Kopf.
Keine **zehn** Schritte hinter ihm war sein Verfolger in die Künstlergasse eingebogen. Ein Riese mit **blonder** Bürstenfrisur, **gespenstisch blasser** Haut, **finsteren** Augen und im **schwarzen** Anzug. Er zog eine Pistole aus dem Sakko. „Du hättest nicht aus der Universität und ihrer Klinik flüchten dürfen", sagte er. „Sag mir jetzt, wo du das, was nicht dir gehört, versteckt hast."
„Ich ... ich habe Ihnen doch schon gesagt, dass ich nichts versteckt habe!", stöhnte der Junge, der **hilflos** unter der Laterne lag – ausgeliefert. „Ich weiß nicht, wovon Sie reden." Markus Zwingli spürte, wie ihn die Kräfte gänzlich verließen. Immer **tauber** wurde sein Körper seit der Spritze. Was für ein Teufelszeug hatten sie ihm nur gegeben?
„Du lügst!" Der Mann starrte Markus an. „Du hast etwas belauscht, was nicht für deine Ohren bestimmt war."
Markus brach der Schweiß aus. Wie konnte ihn sein Verfolger dabei gesehen haben?

Aus: Martin Selle: Tödliche Geheimnisse. G&G Verlagsgesellschaft mbH, Wien 2008.

11

1. Nach den zahlreichen Vorwürfen, die ihm sein Vorgesetzter gemacht hatte, zitterte er am ganzen Körper und **rang** nach Worten.
2. Die Mädchen hatten das Gefühl, von seinen Blicken **durchbohrt** zu werden.
3. Bei diesem grauenerregenden Anblick **gefror** den Matrosen das Blut in den Adern.
4. Ihr Gesicht **verfinsterte sich** und in ihren Augen spiegelte sich ihre Verachtung, die sie für die anderen übrig hatte.
5. Mit schmerzverzerrtem Gesicht **taumelte** sie einige Schritte rückwärts.
6. Mit jedem Schritt, den der Sohn seinem Vaterhaus näher kam, **wuchs** seine innere Anspannung.
7. Das Klingeln **riss** sie aus ihren Gedanken, die ihr gerade durch den Kopf schossen.
8. Sie schlichen den Gang entlang, da hörten sie eine männliche Stimme, die sie **zusammenzucken** ließ.
9. Sie ließen ihre Blicke über die Fassade des Schlosses **wandern**, konnten aber nichts Verdächtiges entdecken.
10. Im menschenleeren Zimmer befand sich ein offener Kamin, in dem ein Feuer **loderte**.

12

1. Das letzte bisschen Farbe war aus seinem Gesicht gewichen und seine Haut war nun weiß **wie Schnee**.
2. In der Einkaufshalle herrschte ein buntes Treiben **wie in einem Ameisenhaufen**.
3. Er musst sich der Wahrheit stellen, die ihn jeden Tag **wie ein dunkler Schatten verfolgte**.

4. Vor Anspannung war ihr Hals so ausgetrocknet **wie eine Wasserlacke in der Wüstensonne.**
5. Mein Freund jaulte auf vor Schmerz und krümmte sich **wie ein getretener Wurm.**
6. Die Worte, die sie eben aus seinem Mund vernommen hatten, bohrten sich in ihre Herzen **wie tausend Nadelstiche.**
7. Irgendwie wirkte der Agent in dieser Situation **wie ein Schauspieler,** der seinen Text schlecht gelernt hatte.
8. Das enge schwarze Kleid schmiegte sich um den Körper der Frau **wie eine zweite Haut.**
9. Die Nachricht hatte sie **wie eine Keule** getroffen und sie sank halb benommen auf die Ledercouch.
10. Ein leises Scharren war zu vernehmen und sie blieb **wie angewurzelt** stehen.

13

1. Als der Sänger, der soeben von den Geschworenen in allen Punkten für unschuldig erklärt worden war, aus dem Gerichtssaal trat, **ergoss sich ein Blitzlichtgewitter** über ihn.
2. Die Blaulichter der drei Polizeiautos **tauchten die Hausfassade in gespenstisches Licht.**
3. Von einem Moment auf den anderen **machte sich im Raum eine unheimliche Stille breit.**
4. Hämisch grinsend warfen die beiden Teenager die Fotos ins Feuer, die sogleich ein **Raub der Flammen wurden.**
5. **Mit der Angst im Nacken** hastete sie in ihr Zimmer zurück und schlug die Tür hinter sich zu.
6. Er hatte die ganze Nacht **kein Auge zugemacht** und sich auf der Matratze nur hin und her gewälzt.
7. **Außer sich vor Aufregung** griff er in die Kiste mit dem doppelten Boden.
8. Vater kniete zwischen den Scherben und schaute zu ihm auf, **seine Augen funkelten vor Wut.**
9. **Sprachlos vor Entsetzen** sank er in den alten Ledersessel.
10. Nach ihrem wilden Streich hatte die Lehrerin geschworen, die Buben in nächster Zeit **im Auge zu behalten.**

14

Es passierte gegen <u>7.40 Uhr morgens</u>. Heute frage <u>ich</u> mich, warum ich ausgerechnet an diesem nebeligen <u>Dienstag</u> 20 Minuten später als sonst <u>zur Schule</u> gegangen bin. Auf alle Fälle sah ich auf der <u>Südlichen Parkstraße</u> einen <u>Schatten im Wald verschwinden</u>. Die <u>Straßenbeleuchtung war ausgefallen</u>. (...) Nasskalt war es und düster, kaum etwas zu erkennen. „Hiiillffeee!“ Der <u>Angstschrei</u> bohrte sich wie ein Bienenstachel in meine Ohren. Mich hätte fast der Schlag getroffen vor <u>Schreck</u>. Jemand rief um Hilfe – von dort, wo eben der Schatten im Wald verschwunden war. Ich lief los. Sekunden später <u>blickte ich in das kreidebleiche Gesicht</u> ...

- Figuren:
  - namenlose/r Ich-Erzähler/in, geht noch zur Schule
  - jemand ruft um Hilfe (keine genaueren Angaben)
  - Schatten (wer?) verschwindet im Wald
- Schauplatz:
  - Südliche Parkstraße, Wald
- Zeitangabe:
  - Dienstagmorgen, 7.40 Uhr
- Stimmung/Situation:
  - nebelig, nasskalt und düster, kaum etwas zu erkennen, Straßenbeleuchtung ist ausgefallen
  - Ich-Erzähler/in erschrickt, Hilfeschrei bohrt sich in seine/ihre Ohren
- Vorausdeutung: Ich-Erzähler/in blickt in das kreidebleiche Gesicht …
- Erzählperspektive: Ich-Erzähler/in
- Erzählstil: kein bestimmter Erzählstil vorhanden; könnte in Richtung Kurzgeschichte, Kriminalgeschichte gehen

---

15 So oder so ähnlich könnte deine Lösung aussehen:

Hilfeschrei kommt von älterer Hundebesitzerin – Ich-Erzähler/in blickt in ihr kreidebleiches Gesicht – Todesangst – sie erzählt von Überfall/Entführung ihres Hundes – Frau Brehm, meine Nachbarin, 76 Jahre – geht jeden Tag früh am Morgen mit ihrem Hund Gassi – wird von jungem Mann angesprochen – verwickelt sie in ein Gespräch – gibt sich als Hundefreund aus – streichelt Dackel – zückt plötzlich Spritze – injiziert sie dem Hund und betäubt ihn – bevor er mit Tier flüchtet, verlangt er von Frau Brehm die Bekanntgabe ihres Namens und ihrer Adresse – wird Brief erhalten mit Lösegeldforderung – keine Polizei, sonst Hund tot – Frau Brehm erzählt mir von zwei weiteren Fällen – Täter geht immer gleich vor – sucht sich gezielt ältere Damen als Opfer aus – ich schalte Polizei ein – will Täter Handwerk legen – Polizist als Lockvogel (verkleidet als alte Dame, mit Pudel) – Falle schnappt schon am nächsten Tag in der Früh zu – Polizisten (versteckt hinter Büschen) überwältigen Hundeentführer – gibt alles zu – Jugendlicher – wollte schnell zu Geld kommen

---

16 individuell zu lösen

---

17 Es handelt sich um eine Kriminalgeschichte.

---

18 **Bankräuberin wider Willen**

Etwas abgeschlagen, aber zufrieden saß Monika mit ihrem Mann Ernst im ersten Stock eines Wiener Kaffeehauses und genoss ihren Cappuccino. Am Vormittag hatten sie Weihnachtseinkäufe erledigt. Nach all der Hektik in den übervollen Geschäften tat den beiden Pensionisten die Ruhe nun gut.

Monikas Lippen fühlten sich rau an. Sie kramte deshalb in ihrer Handtasche nach einem Lippenbalsam. Plötzlich rief sie überrascht: „Den habe ich ja vollkommen vergessen! Schon vor einer Woche habe ich ihn ausgefüllt!“

Ihr Mann warf ihr einen fragenden Blick zu.
„Na, den Erlagschein für die Aktion ‚Licht ins Dunkel' – den habe ich noch nicht eingezahlt. Das muss ich heute unbedingt noch nachholen", setzte sie fort.
„Das trifft sich gut. Gleich gegenüber ist eine Bank", meinte ihr Mann.
So beschloss sie, die Sache sofort zu erledigen. Es war ihr ein echtes Bedürfnis, für Bedürftige zu spenden. In der Adventzeit gehörte das für sie einfach dazu. Ernst versprach, solange im Café auf sie zu warten und sich die Zeit mit dem Lösen von Sudokus zu vertreiben. Es sollte ja nicht lange dauern ...
Schnell zog Monika sich ihren Mantel an, gab ihrem Mann einen flüchtigen Kuss auf die Wange und ging die Stiege hinunter.
Bevor sie die Bank betrat, drehte sie sich noch einmal um und winkte Ernst, der am Fenster saß und in dem Moment gerade zu ihr herübersah, kurz zu. Zielstrebig marschierte sie zum nächsten freien Schalter, an dem eine schlanke, blonde Frau um die vierzig ihren Dienst versah. Monika grüßte, holte einen 100-€-Schein aus ihrer Brieftasche und reichte ihn mit dem zusammengefalteten Erlagschein der Bankangestellten. Sie registrierte zwar, dass auf der Rückseite des Zahlscheines etwas geschrieben stand, da sie aber ihre Brille im Café liegen gelassen hatte, konnte sie die Worte nicht entziffern. Außerdem war es ja nicht von Belang.
Warum die Schalterdame aber von einem Moment auf den anderen kreidebleich im Gesicht wurde, war für sie unerklärlich. Außerdem begannen ihre Finger zu zittern und sie blickte sich nervös um. Langsam ließ sie ihre rechte Hand unter dem Pult verschwinden, um sie gleich danach wieder hervorzuholen. Was war nur mit ihr los? Fühlte sie sich nicht wohl? Sonderbarerweise begann sie danach langsam ein Geldbündel nach dem anderen – bestehend aus 100-€-Banknoten – vor Monika aufzustapeln. Die war sprachlos vor lauter Verwirrung. Sie konnte sich keinen Reim darauf bilden, was das eigentlich werden sollte. Sie wollte einen Erlagschein einzahlen, aber kein Geld abheben! Sie war gerade im Begriff etwas zu sagen, als sie aus dem Augenwinkel wahrnahm, wie sich alle Bankkunden und –bediensteten auf den Boden legten – ausgenommen die sie bedienende Schalterfrau. Sie legte weiterhin Geldbündel um Geldbündel auf den Schaltertisch. Was ging da vor sich? Jetzt wurde ihr mulmig zumute. Im nächsten Augenblick hörte sie schon lautes Sirenengeheul. Sie drehte sich um und sah, wie mehrere Einsatzfahrzeuge der Polizei mit quietschenden Reifen und Blaulicht vor dem Geldinstitut stehen blieben.
Deren Türen wurden aufgerissen und die herausspringenden Beamten verschanzten sich sogleich mit gezückten Pistolen hinter ihren Autos. Einer von ihnen hielt ein Megaphon in der Hand und sprach: „Verlassen Sie die Bank mit erhobenen Händen! Lassen Sie Ihre Handtasche zurück! Jeder Fluchtversuch ist zwecklos!" Monika war nicht klar, wer gemeint war.
„Los, ergeben Sie sich! Sie haben keine Chance", rief ihr plötzlich die blonde Schalterdame zu.
Jetzt fiel es ihr wie Schuppen von den Augen: Man meinte sie! Das konnte doch nicht ihr Ernst sein! Sie und eine Bankräuberin! In welchen schlechten Film war sie da nur geraten? Aber schließlich machte sie, was man von ihr verlangte. Draußen wurde sie sofort von mehreren Polizisten umringt. So schnell konnte sie gar nicht schauen, hatte man ihr schon Handschellen angelegt. Sie fühlte sich einer Ohnmacht nahe.
„Oma, ist die Bombe denn scharf?", fragte sie ein junger Polizist spöttisch.
Sie sah ihn nur verständnislos an. „Welche Bombe?", presste sie schließlich leise hervor.
„Na, die in Ihrer Handtasche!", schrie er sie ungeduldig an.
Monika schüttelte nur den Kopf. In diesem Moment trat ein Mann in einem weißen

Overall und einem Spezialhelm aus dem Geldinstitut. „Fehlalarm!“, rief er. „Es gibt keine Bombe!“
Unter den zahlreichen Schaulustigen, die sich angesammelt hatten, und unter den Bankangestellten und -kunden, die das Geldinstitut nach Monika verlassen hatten, brach lauter Jubel aus. Monika wollte nun wissen, was hier eigentlich gespielt wurde. Da winkte einer der Polizisten die blonde Bankangestellte herbei. Sie zeigte den Erlagschein, auf dessen Rückseite in Blockbuchstaben geschrieben stand: „Das hier ist ein Überfall! Alles Geld her! Ich habe eine Bombe!“ Monika hatte ihn in ihrer Bank mitgenommen. Jemand musste sich da einen besonders üblen Spaß erlaubt haben ...

---

19 **Verheiratet mit einer Bankräuberin?**

Ernst saß in einem Wiener Kaffeehaus, genoss seinen Cappuccino und versuchte nebenbei ein kniffliges Sudoku zu lösen. Seit er vor etwas mehr als zwei Jahren in Pension gegangen war, war dies eine seiner täglichen Beschäftigungen. Damit wollte er sein Gehirn trainieren.

Gemeinsam mit seiner Frau hatte er am Vormittag Weihnachtseinkäufe erledigt. Vor Kurzem hatte sie allerdings das Café verlassen, um im gegenüberliegenden Geldinstitut einen Erlagschein für die Aktion „Licht ins Dunkel“ einzuzahlen. Beim Herumkramen in ihrer Tasche hatte sie ihn entdeckt. Schon vor einer Woche hatte sie ihn einzahlen wollen, aber vollkommen darauf vergessen. **7. Ja, ja, Monikas Vergesslichkeit! Die hatte in letzter Zeit deutlich zugenommen. Ansprechen durfte er sie darauf aber nicht. Da konnte sie richtig grantig werden.** Er hatte versprochen, solange im Kaffeehaus auf sie zu warten. Bevor sie die Bank betreten hatte, hatte sie sich kurz noch einmal umgedreht und ihm zugewinkt. Am Fenster sitzend hatte er ihr zurückgewinkt. Seitdem widmete er sich seinem kniffligen Sudoku.

Plötzlich vernahm er lautes Sirenengeheul, das immer näher kam, und blickte aus dem Fenster. Da hielten auch schon mehrere Einsatzwagen der Polizei mit quietschenden Reifen und eingeschaltetem Blaulicht direkt vor der Bank. Mindestens zehn Polizisten sprangen heraus und verschanzten sich mit gezückten Pistolen hinter ihren Autos. **3. Was war da los? Monika war noch immer in der Bank! War sie in einen Banküberfall geraten?**
Ernst sprang hastig hoch und stieß dabei die Kaffeetasse um. Er schnappte sich seinen Mantel und rannte Hals über Kopf auf die Straße. Dort hatten sich bereits zahlreiche Schaulustige versammelt. Von Monika war weit und breit nichts zu sehen. Der Eingang zur Bank war im Umkreis von zehn Metern von den Polizisten abgeriegelt worden. An ein Durchkommen war nicht zu denken. „Meine Frau befindet sich in der Bank. Lassen Sie mich durch!“, rief er verzweifelt und versuchte sich an einem Polizisten vorbeizudrängen.
Der hielt ihn zurück und sagte: „Beruhigen Sie sich! Wir tun unser Möglichstes! Bleiben Sie bitte hier stehen!“

Ein anderer Polizist sprach über Megaphon: „Verlassen Sie die Bank mit erhobenen Händen! Lassen Sie Ihre Handtasche zurück! Jeder Fluchtversuch ist zwecklos!“
4. Ernst zitterte am ganzen Körper. Was, wenn er seine Frau nicht mehr lebend wiedersah? Er versuchte diesen Gedanken, der sich wie eine schwarze Wolke über ihn legte, nicht weiterzuspinnen.

Einige Sekunden geschah gar nichts. Dann öffnet sich die Tür zur Bank und mit langsamen Schritten und erhobenen Händen marschierte Monika heraus. **2. Monika! Das durfte doch nicht wahr sein! Ernst glaubte seinen Augen nicht zu trauen.**
Danach ging alles sehr schnell: Seine Frau wurde von einigen Polizisten umringt,

Handschellen wurden ihr angelegt. **6. Ernst hatte das Gefühl, als stünde er auf schwankendem Boden. Er war fassungslos. Seine Frau war doch keine Bankräuberin! Zumindest hatte er das bisher geglaubt. Er wollte ihr etwas zurufen, seine Stimme aber versagte.** Am Rande registrierte er, wie unmittelbar nach seiner Frau Bankkunden und –bedienstete mit erleichterten Gesichtern aus dem Geldinstitut marschierten. Gleich darauf betrat ein Mann in weißem Overall und Spezialhelm die Bank. **1. War es ein Bombenexperte? Was um Himmel willen ging hier eigentlich vor? Ernst schnappte aus den Gesprächen der Schaulustigen die Wortfetzen „Frau mit Bombe" und „versuchter Banküberfall" auf.** Wenige Minuten später kam der Bombenexperte mit der Handtasche seiner Frau aus der Bank. Er rief: „Fehlalarm! Es gibt keine Bombe!" Lauter Jubel brandete unter den Umstehenden auf.

Ernst beobachtete, wie eine blonde Frau mit einem Zettel zu den Polizisten und seiner Frau trat. Da er zu weit entfernt war, konnte er nicht verstehen, was gesprochen wurde. Aber er glaubte in dem Schriftstück einen Erlagschein erkennen zu können.

5. Kurz darauf bemerkte er, wie die Entgeisterung augenblicklich aus Monikas Gesicht wich. Jetzt gab es für ihn kein Halten mehr. Er musste zu seiner Frau!

In einem unbeobachteten Moment drängte er sich am Polizisten vorbei und stürzte zu Monika. Er umarmte sie liebevoll, während sie von einem heftigen Weinkrampf geschüttelt wurde. Erst nach einigen Minuten konnte sie ihn aufklären:

Auf die Rückseite des Erlagscheins hatte ein Spaßvogel mit Blockbuchstaben „Das hier ist ein Überfall! Alles Geld her! Ich habe eine Bombe!" geschrieben.

Seine Frau hatte das aber nicht bemerkt ...

Antworten zur Geschichte:

a) Die Sicht der Figur ist nachvollziehbar. Man erfährt als Leserin/Leser, was sie denkt, fühlt und wie sie die Ereignisse beurteilt.

b) Der personale Erzähler erzählt nur das, was er wissen kann. Was z. B. in der Bank vorgeht, erzählt er nicht. Er erzählt und beurteilt das, was er vom Fenster des Kaffeehauses und vom Gehsteig aus beobachtet.

c) Es werden keine gravierenden Veränderungen vorgenommen. Die Fakten stimmen.

d) Die Erzählperspektive (personaler Erzähler in der Er-Form) wird vom Anfang bis zum Ende konsequent durchgehalten.

---

20 individuell zu lösen

---

21 **Markierungsmethode:**

Weihnachten nicht ohne Christbaum

<u>mögliche Überschriften für den ersten Abschnitt:</u>

- Christbäume in heimischen Wohnzimmern
- Tannenduft fast überall
- Geschmückte Christbäume

1

In unserem Heimatland Österreich gehört der Christbaum zum Weihnachtsfest genauso dazu wie Geschenke und gutes Essen. Festlich mit Kerzen, bunten Kugeln, Strohsternen, Süßigkeiten und vielem mehr geschmückt, sorgt er am Heiligen Abend

und an den darauffolgenden Feiertagen für weihnachtliche Stimmung.
In ca. zwei Drittel aller österreichischen Haushalte wird alljährlich ein Christbaum aufgestellt, insgesamt sind es um die 2,4 Millionen Nadelbäume. Am beliebtesten unter ihnen ist die Nordmanntanne, Fichten und Föhren findet man eher selten in den österreichischen Wohnzimmern. 85 Prozent der in Österreich verkauften Christbäume stammen aus heimischer Produktion, die restlichen 15 Prozent kommen aus Dänemark und Deutschland oder werden aus unseren östlichen Nachbarländern importiert.

(106 Wörter)

Christbäume aus der Heimat

Die Österreicherinnen und Österreicher denken mittlerweile auch beim Kauf eines Christbaums immer ökologischer und greifen mehrheitlich zu heimischen Bäumen. Sie erhalten damit frischere Tannen, Fichten und Föhren, die ihre Nadeln deutlich länger behalten als aus dem Ausland eingeführte Bäume, weil sie nicht so lange Transportwege hinter sich haben. Außerdem tragen sie, indem sie sich bewusst für Nadelbäume aus heimischer Produktion entscheiden, aktiv zum Klimaschutz bei und fördern auf diese Weise die regionale Waldwirtschaft.
Ca. 40 Prozent unserer Landsleute erwerben ihren Christbaum bereits direkt am Bauernhof und haben damit eine hundertprozentige Herkunftsgarantie. Der Rest kauft ihn unter anderem in den zahlreichen Baumärkten oder an Ständen, wo sich anhand von speziellen Baumschleifen, die ein Gütesiegel für österreichische Qualität darstellen, leicht feststellen lässt, ob er aus heimischer Produktion kommt bzw. von welchem Bauern er stammt. Jedes einzelne Bundesland hat übrigens seine eigene, besondere Baumschleife.
Ungefähr 80 Prozent aller österreichischen Christbäume werden schon nach ökologischen Richtlinien angebaut. Das bedeutet, dass sie unter naturschonenden Bedingungen produziert werden und man auf Grundsätze des Umweltschutzes und ökologische Erkenntnisse Acht gibt. So wird z. B. auf den Einsatz schädlicher Pflanzenschutzmittel und Gentechnik verzichtet.

(186 Wörter)

Wegstreichmethode:

Weihnachten nicht ohne Christbaum

mögliche Überschriften für den ersten Abschnitt:

- Christbäume in heimischen Wohnzimmern
- Tannenduft fast überall
- Geschmückte Christbäume

~~In unserem Heimatland Österreich gehört der Christbaum zum Weihnachtsfest genauso dazu wie Geschenke und gutes Essen. Festlich mit Kerzen, bunten Kugeln, Strohsternen, Süßigkeiten und vielem mehr geschmückt, sorgt er am Heiligen Abend und an den darauffolgenden Feiertagen für weihnachtliche Stimmung.~~
~~In ca.~~ zwei Drittel aller österreichischen Haushalte ~~wird alljährlich ein~~ Christbaum ~~aufgestellt, insgesamt sind es um die~~ 2,4 Millionen Nadelbäume. Am beliebtesten ~~unter ihnen ist die~~ Nordmanntanne, ~~Fichten und Föhren findet man eher selten in den österreichischen Wohnzimmern.~~ 85 Prozent ~~der in Österreich verkauften Christbäume~~

~~stammen~~ aus heimischer Produktion, ~~die restlichen~~ 15 Prozent ~~kommen aus~~ Dänemark ~~und~~ Deutschland ~~oder werden aus unseren~~ östlichen Nachbarländern ~~importiert.~~

(106 Wörter)

Christbäume aus der Heimat

~~Die~~ Österreicherinnen und Österreicher ~~denken mittlerweile auch beim Kauf eines Christbaums immer ökologischer und greifen~~ mehrheitlich zu heimischen Bäumen. ~~Sie erhalten damit~~ frischere Tannen, Fichten und Föhren, ~~die ihre Nadeln deutlich länger behalten als aus dem Ausland eingeführte Bäume, weil sie~~ nicht so lange Transportwege ~~hinter sich haben. Außerdem tragen sie, indem sie sich bewusst für Nadelbäume aus heimischer Produktion entscheiden, aktiv zum~~ Klimaschutz ~~bei und~~ fördern ~~auf diese Weise die~~ regionale Waldwirtschaft.

~~Ca.~~ 40 Prozent ~~unserer Landsleute erwerben ihren~~ Christbaum ~~bereits~~ direkt am Bauernhof ~~und haben damit eine hundertprozentige Herkunftsgarantie. Der~~ Rest ~~kauft ihn unter anderem in den zahlreichen~~ Baumärkten oder an Ständen, ~~wo sich anhand von~~ speziellen Baumschleifen, ~~die ein Gütesiegel für österreichische Qualität darstellen, leicht feststellen lässt, ob er~~ aus heimischer Produktion ~~kommt bzw. von welchem Bauern er stammt. Jedes einzelne Bundesland hat übrigens seine eigene, besondere Baumschleife.~~

~~Ungefähr~~ 80 Prozent aller österreichischen Christbäume ~~werden schon~~ nach ökologischen Richtlinien angebaut. ~~Das bedeutet, dass sie unter naturschonenden Bedingungen produziert werden und man auf Grundsätze des Umweltschutzes und ökologische Erkenntnisse Acht gibt. So wird z. B. auf den Einsatz schädlicher Pflanzenschutzmittel und Gentechnik verzichtet.~~ (186 Wörter)

---

22 Christbäume aus der Heimat

- Österreicherinnen und Österreicher greifen mehrheitlich zu heimischen Bäumen
  Vorteile:
  - frischere Nadelbäume, weil nicht so weit transportiert
  - aktiver Beitrag zum Klimaschutz
  - Förderung der regionalen Waldwirtschaft
- 40 Prozent kaufen Christbaum direkt am Bauernhof
- 60 Prozent kaufen Christbaum in Baumärkten, an Ständen:
  → spezielle Baumschleifen: Herkunft aus heimischer Produktion feststellbar
- 80 Prozent aller österreichischen Christbäume nach ökologischen Richtlinien angebaut

---

23 Die Mehrheit der Österreicher/innen kauft heimische Christbäume, die aufgrund der kürzeren Transportwege frischer sind. Damit tragen sie zum Klimaschutz bei und fördern die regionale Waldwirtschaft. 40 Prozent unserer Landsleute erwerben ihren Christbaum direkt am Bauernhof, 60 Prozent in Baumärkten und an Ständen. Baumschleifen geben an, ob es sich um einen heimischen Baum handelt. Bereits 80 Prozent der österreichischen Christbäume werden nach ökologischen Richtlinien produziert. (64 Wörter)

24 1. Der Panda – Ein Bär
2. Bedrohte Pandas
3. Schwierige Aufzucht
4. Die Aktivitäten des WWF
5. Zusammenarbeit von Österreich und China

---

25 **Menschen und Tiere: Großer Panda – armer Feinschmecker**

Der Panda – ein Bär

Das liebenswürdige, schwarz-weiß gefleckte Wappentier des WWF ist unter vielen verschiedenen Namen bekannt: Großer Panda, Riesenpanda, Bambusbär oder ganz einfach Panda.

Früher glaubte man fälschlicherweise, der Panda gehöre nicht zur Familie der Bären. Er hält nämlich keinen Winterschlaf und kann nicht frei auf den Hinterbeinen laufen. Er hat, wie alle Bären, einen Magen wie ein Fleischfresser. Trotzdem ist er auf den Verzehr von Bambus spezialisiert, der nur geringen Nährwert besitzt. Um seinen „Bärenhunger" zu stillen, muss er ununterbrochen fressen, bis zu 12 Stunden am Tag Ein ausgewachsenes Exemplar mit mehr als 100 kg Gewicht verdrückt täglich 30 kg Bambus, das sind etwa 3000 Stängel. Ganz schön stressig, satt zu werden! Und dabei sollte er sich noch möglichst wenig und langsam bewegen, um nicht zu viel Energie zu verbrauchen!

Bedrohte Pandas

Sein Lebensraum beschränkt sich nur noch auf wenige Gebiete im Südwesten Chinas. Nach der Bambusblüte, die je nach Art alle 15 bis 120 Jahre auftritt, sterben die Pflanzen ab. Früher begaben sich die Bambusbären in so einem Fall einfach in ein anderes Gebiet auf Nahrungssuche. Heute zerschneiden Straßen, Siedlungen und Felder ihre Wohnräume. Weil die Pandas nur noch auf „Waldinseln" leben, können sie sich nicht mehr mit Artgenossen aus anderen Gegenden paaren. Die Folge davon: Sie sind nicht mehr so widerstandsfähig.

Durch hohe Strafen konnte Wilderei in den letzten Jahren stark eingedämmt werden. Dennoch tappen die Pandas immer wieder in Fallen, die für andere Tiere bestimmt waren. Der starke Bevölkerungsanstieg in China hatte zur Folge, dass sehr viele Bambuswälder gerodet wurden. Die Menschen brauchten mehr Bau- und Brennholz, ebenso Platz für den Ackerbau. Dadurch verloren die Pandas ihre Nahrungsgrundlage. Bis zum Jahr 1990 war ihr Lebensraum auf die Hälfte der ursprünglichen Größe geschrumpft.

Schwierige Aufzucht

Alle zwei bis drei Jahre bringt ein Pandaweibchen höchstens zwei blinde, nur 100 Gramm schwere Junge zur Welt. Es wurde oft beobachtet, dass manche Mütter das zweite Junge allein lassen, weil sie zu wenig Nahrung finden. Wenn Menschen diese verlassenen Pandababys aufziehen, werden sie der Wildnis entfremdet.

Deshalb wartet man zuerst, ob die Mutter nach einiger Zeit nicht doch zu ihrem Jungen zurückkehrt. Bei Jungtieren, die erst im Alter von eineinhalb Jahren richtig selbstständig werden, besteht leider eine hohe Sterblichkeit.

Pandas erweisen sich in Gefangenschaft als wahre „Sexmuffel". Die Weibchen müssen deshalb künstlich befruchtet werden. Es ist jedes Mal eine Sensation, wenn in einem Tiergarten ein Junges zur Welt kommt. Im Jahr 2003 gab es in den Zoos weltweit 166 Pandas. Alle Versuche, Tiere nachzuzüchten und wieder in der Natur auszusetzen, sind bisher gescheitert.

Die Aktivitäten des WWF

Gemeinsam mit der chinesischen Forstbehörde gelang es dem WWF, ein Abholzungsverbot für Bambuswälder in den Schutzgebieten durchzusetzen. Bei der einheimischen Bevölkerung und in Schulen wird Aufklärungsarbeit betrieben, wie das Überleben der Pandas gesichert werden kann. Mehr als die Hälfte der derzeit etwa 1 600 frei lebenden Exemplare sind in den 50 Schutzgebieten anzutreffen.
Der WWF hilft bei der Erstellung von Einsatzplänen, er finanziert die Ausrüstung der Wildhüter und organisiert auch ihr Training. Ständig werden weitere Reservate geplant, die in den nächsten Jahren eingerichtet werden sollen.

Zusammenarbeit von Österreich und China

Der WWF Österreich leistet einen wesentlichen Beitrag zum Schutz dieser gefährdeten Tierart. In Zusammenarbeit mit den Tiergärten Schönbrunn (Wien) und Hellbrunn (Salzburg) finden Trainingskurse für Manager von Panda-Reservaten abwechselnd in Österreich und China statt. Dabei können unsere langjährigen Erfahrungen, die wir in Österreich mit dem Naturschutz haben, weitergegeben werden.

Exzerpt:

Der Panda – ein Bär

- Wappentier des WWF
- gehört zur Familie der Bären: hält keinen Winterschlaf, kann nicht frei auf Hinterbeinen laufen, Magen eines Fleischfressers – ernährt sich nur von Bambus – geringer Nährwert
- ausgewachsener Panda: mehr als 100 kg, 30 kg Bambus täglich

Bedrohte Pandas:

- Pandas leben nur noch in wenigen Gebieten im Südwesten Chinas
- Lebensraum ist bis 1990 um die Hälfte geschrumpft
- Straßen, Siedlungen und Felder verhindern, dass sie zur Nahrungssuche in ein anderes Gebiet weiterziehen, können sich nicht mit Artgenossen paaren, daher nicht mehr so widerstandsfähig
- Wilderei durch hohe Strafen eingedämmt, immer noch Fallen
- starker Bevölkerungsanstieg in China: viele Bambuswälder gerodet, Pandas verlieren ihre Nahrungsgrundlage

Schwierige Aufzucht

- Pandaweibchen: alle zwei bis drei Jahre höchstens zwei Junge: blind, 100 Gramm schwer; manche Mütter lassen das zweite Junge allein – auf Grund von Nahrungsmangel
- Pandas in Gefangenschaft „Sexmuffel" – künstliche Befruchtung; 2003 in den Zoos weltweit 166 Pandas

Die Aktivitäten des WWF

- WWF und chinesische Forstbehörde: Abholzungsverbot für Bambuswälder in den 50 Schutzgebieten
- Aufklärung der einheimischen Bevölkerung: Sicherung des Überlebens der Pandas

- Hälfte der etwa 1 600 frei lebenden Pandas in den Schutzgebieten
- WWF: erstellt Einsatzpläne, finanziert Ausrüstung der Wildhüter und trainiert sie, plant weitere Reservate

Zusammenarbeit von Österreich und China

- WWF Österreich trägt zum Schutz der Pandas bei – organisiert mit Tiergärten Schönbrunn und Hellbrunn Trainingskurse für Manager von Panda-Reservaten – in Österreich und China

---

26 Der Pandabär hält zwar keinen Winterschlaf und kann nicht auf den Hinterbeinen laufen, gehört aber trotzdem zur Familie der Bären. Trotz Fleischfressermagens ernährt er sich ausschließlich von Bambus. 30 kg frisst ein ausgewachsenes Exemplar täglich davon.

Pandas leben nur noch in wenigen Gebieten im Südwesten Chinas und sind vom Aussterben bedroht. Aufgrund des starken Bevölkerungsanstieges wurden viele Bambuswälder – die Nahrungsgrundlage der Tiere – gerodet. Straßen, Siedlungen und Felder verhindern, dass die Bären zur Nahrungssuche in andere Gebiete weiterziehen und sich mit anderen Artgenossen paaren, was sie weniger widerstandsfähig macht. Außerdem tappen sie immer wieder in Tierfallen.

Pandaweibchen bringen alle zwei bis drei Jahre höchstens zwei Junge zur Welt. Aus Nahrungsmangel lassen manche eines davon alleine. Außerdem ist die Sterblichkeit unter Jungtieren hoch. In Gefangenschaft bringen Pandaweibchen nur nach künstlicher Befruchtung Junge zur Welt. 2003 lebten weltweit 166 Pandas in Zoos.

Der WWF engagiert sich für den Schutz der Tiere, erstellt Einsatzpläne, finanziert die Ausrüstung der Wildhüter, organisiert deren Training und plant die Errichtung zusätzlicher Reservate.

Der WWF Österreich schütz Pandas, indem er mit den Tiergärten Schönbrunn und Hellbrunn Trainingskurse für Manager von Panda-Reservaten organisiert. (183 Wörter)

---

27 [2] ohne Gliederung in Absätze und Überschriften – Durcheinander – fehlender Zusammenhang, fehlender roter Faden

[3] viele Einzelheiten, Nebensächliches und Überflüssiges – zu große Ausführlichkeit – ausschmückende Darstellung

[1] unbekannte Wörter – lange, komplizierte Sätze – fehlende Anschaulichkeit

---

28 A

Glaubt man dem alten Sprichwort, so bringt das Schwein Glück. Schon seit der Antike gilt es als Symbol für Fruchtbarkeit und steht für Reichtum und Wohlstand. Will man im nächsten Jahr Glück haben, so muss man zu Neujahr Schweinefleisch essen. Das sagt jedenfalls der Volksglaube.

B

Arbeitest du am Computer, achte auf eine ordentliche Sitzhaltung! Baue zwischen längeren Arbeitsphasen immer wieder Ausgleichsübungen ein, um Rückenschäden vorzubeugen! Vermeide außerdem einen Kabelsalat unter dem Tisch! So kommt es nicht dazu, dass du dich verhedderst oder stolperst! Stelle den Bildschirm in Augenhöhe auf! Störendes Spiegeln und Blenden verhinderst du durch richtige Einstellung der Beleuchtung und Kontraste!

---

29 **Halloween**

Die keltischen Wurzeln des Festes

Die Ursprünge des heutzutage auch in unserem Heimatland sehr beliebten Festes Halloween reichen weit in die keltische Zeit zurück. Die Kelten feierten am letzten Tag im Oktober das Ende des Sommers. Das Fest trug den Namen „Samhain“. Zugleich war der 31. Oktober auch der letzte Tag im keltischen Kalender. Am 1. November begann das neue Jahr.

Besucher aus dem Jenseits

Die Kelten glaubten, dass in der Nacht vom 31. Oktober auf den 1. November sowohl böse Geister als auch die Geister der Toten auf die Erde kämen. Um die bösen Geister zu vertreiben, entzündeten sie große Feuer. Außerdem verkleideten sie sich als Hexen, Geister und Skelette, um nicht als Menschen erkannt zu werden. Dieser Brauch, sich zu kostümieren, ist bis heute erhalten geblieben.

Die Geister der Toten versuchten die Kelten gütig zu stimmen, indem sie Essen und Geschenke vor ihre Häuser stellten.

Die keltischen Traditionen lebten weiter

Trotzdem sich das Christentum in Europa ausbreitete, wurden die keltischen Bräuche in Irland und in Schottland weiterhin gepflegt. Im 19. Jahrhundert brachten irische Immigranten das „Halloween“-Fest in die USA. Dort ist es mittlerweile zu einem der wichtigsten und größten Feste im Jahr geworden.

Der Begriff „Halloween“

„Halloween“ ist eine sprachliche Verkürzung des englischen „All Hallows' Evening“, was „Abend der Heiligen“ bedeutet. Der 1. November ist ein christlicher Feiertag und wird Allerheiligen genannt. An ihm wird der Heiligen, aber auch der Verstorbenen gedacht. Im Englischen heißt er „All Hallows' Day“.

---

30 **Die Fledermaus**

Die Fledermaus ist das einzige fliegende Säugetier. Insgesamt existieren auf der Erde fast 1000 Arten. In Österreich leben 25 verschiedene, die Langohrfledermaus ist hierzulande die am häufigsten vorkommende Art. Das hartnäckige Vorurteil, Fledermäuse seien überaus gefährliche Blutsauger, ist nicht auszurotten. Dabei ernähren sich nur drei Arten von Blut. Diese Vampire kommen in Süd- und Mittelamerika vor, ritzen mit ihren messerscharfen Zähnen die Haut von Rindern an und lecken anschließend das aus den Wunden fließende Blut. Der Rest der Flattertiere ernährt sich aber von Insekten, die sie nachts und in der Dämmerung mittels ihres hoch entwickelten Echo-Orientierungssystems jagen. (97 Wörter)

31 Umwelt – Bitteres Obst

Bananen sind beliebt – bei denen, die sie essen dürfen. Jene, die sie anbauen, haben oft kein einfaches Leben …

„Um vier Uhr in der Früh brechen wir auf. Zur Plantage. Dort sind wir 13 Stunden lang. Nur am Sonntag ist Ruhetag", erzählt Rodrigo. „Es ist sehr warm. Wir arbeiten mit nacktem Oberkörper. Schutzkleidung?" Rodrigo lächelt. „Nein, Schutzkleidung bekommen wir keine." Rodrigo ist 14 Jahre alt und aus Ecuador. Er arbeitet auf einer Bananen-Plantage, genauso wie seine Eltern, seine Geschwister und die meisten anderen Bewohner seines kleinen Dorfes. „Wir Kinder müssen alle auf der Plantage mithelfen, denn sonst verdienen unsere Eltern zu wenig", sagt Rodrigo. „Ich bin zwar froh, dass ich Arbeit habe, aber die Arbeit ist nicht gut. Weil die Bananen so empfindlich sind, muss viel Gift gesprüht werden."

Bananen sind die Pestizid-Weltmeister

Die Banane ist das meistgekaufte Obst der Welt. Allein in Österreich werden pro Woche mehr als 1,8 Millionen Kilogramm der tropischen Frucht verzehrt – das sind rund 13 Millionen Stück. Bei uns liegt die Banane damit in der Liste der beliebtesten Obstsorten auf Platz zwei – gleich hinter dem Apfel. Weltweit werden jährlich 70 Millionen Tonnen Bananen verspeist. Es gibt drei Firmen, die einen großen Teil (fast 70 Prozent) dieser Früchte anbauen und in die verschiedenen Länder bringen. Um möglichst viel Gewinn zu machen, wachsen die Bananen in riesigen Monokulturen: Das heißt, es wird auf einer großen Fläche nur ein und dieselbe Frucht angebaut. Ein gefundenes Fressen für Würmer, Bakterien und Pilze. Um Schädlinge und Krankheiten von den Bananen fernzuhalten, werden Spritzmittel – so genannte Pestizide – verwendet. „Rund fünfzig Kilogramm Pestizide werden jährlich pro Hektar gespritzt", sagt Daniel Hausknost von der Umweltschutzorganisation Global 2000. „Damit sind konventionell erzeugte Bananen die Pestizid-Weltmeisterinnen der Lebensmittelproduktion." Dazu ein Vergleich: Die höchste Menge an Pestiziden kommt bei uns beim Kartoffelanbau zum Einsatz. Pro Jahr und Hektar 4,5 Kilogramm Spritzmittel. Auf einer Bananenplantage wird also mit der zehnfachen Menge an giftiger Chemie gearbeitet. „Schon das Betreten einer konventionellen Bananenplantage ohne spezielle Schutzkleidung kann gesundheitsgefährdend sein", meint Hausknost.

Ein giftiger Sprühregen – 60-mal pro Jahr

Das Gift wird von den Arbeitern auf die Bananenpflanzen gesprüht. Aber auch Flugzeuge sind im Einsatz. Bis zu 60-mal pro Jahr fliegen sie über die Plantagen. „Sie sprühen auch, wenn wir darunter arbeiten", erzählt Rodrigo. „Das ist nicht gut für uns. Mein Bruder leidet unter Asthma. Viele Leute hier sind krank. Auch ich habe oft Husten und meine Haut juckt ständig." Rodrigos Onkel geht es so schlecht, dass er nicht mehr arbeiten kann. Viele Frauen werden von den Pestiziden unfruchtbar. Babys kommen oft schon krank oder mit Missbildungen zur Welt. „Erst gestern ist ein kleines Kind gleich nach der Geburt gestorben", erzählt ein Dorfbewohner.

Verseuchtes Wasser macht die Menschen krank

Auch abseits der Plantagen kommen die Dorfbewohner mit den Pestiziden in Kontakt: Böden, Brunnen und Flüsse sind vergiftet. „In unserem Fluss hat es früher vor Fischen nur so gewimmelt. Da habe ich täglich 100 Fische gefangen. Heute bin ich froh, wenn ich einen Fisch pro Tag erwische“, jammert ein Fischer. Die wenigen Fische, die es noch gibt, sind mit Pestiziden verseucht – genauso wie das Trinkwasser der Menschen. Schon oft haben sich die Dorfbewohner bei den Plantagenbesitzern beschwert. Doch ohne Erfolg. Damit Firmen wie Chiquita, Dole und Del Monte möglichst große Gewinne machen, bekommen die Arbeiter wenig bezahlt: Für eine 18-Kilo-Kiste Bananen erhält ein Bananenbauer in Ecuador nur umgerechnet 2,90 Euro – ein Hungerlohn. Aber diese großen Firmen sind so mächtig, dass sie den Preis bestimmen können.

Du entscheidest: Denn billig ist nicht immer gut

Rodrigo ist mit seinem Schicksal nicht alleine. Auf vielen Bananenplantagen sind Kinder im Einsatz. Aber wie können wir das verhindern? Indem wir beim Einkauf ein paar Cent mehr ausgeben und zu „Fair Trade“-Bananen greifen. Das „Fair Trade“-Logo garantiert ein Verbot von Kinderarbeit und eine gerechte Bezahlung der Arbeiter.

(632 Wörter)

Sabine Steigenberger, „Umwelt – Bitteres Obst“ in „TOPIC – das junge Magazin“, Jänner 2008.

Exzerpt:

Auf der Bananen-Plantage:

- Rodrigo, 14 Jahre, aus Ecuador, arbeitet mit Eltern und Geschwistern auf Bananenplantage
- arbeitet täglich 13 Stunden, außer Sonntag – damit sie mehr verdienen
- trägt keine Schutzkleidung, obwohl Gift gesprüht wird – Bananen sehr empfindlich

Bananen sind die Pestizid-Weltmeister:

- Banane das weltweit meistgekaufte Obst, 70 Millionen Tonnen werden jährlich verspeist
- Österreich: 13 Millionen Stück pro Woche; Banane Platz zwei in der Liste der beliebtesten Obstsorten, erster Platz: Apfel
- drei Firmen bauen 70 Prozent der Früchte an
- riesige Monokulturen – anfällig für Schädlinge und Krankheiten
- 50 Kilogramm Pestizide pro Hektar jährlich; Banane = Pestizid-Weltmeisterin
- Vergleich mit heimischem Kartoffelanbau: ein Zehntel an giftiger Chemie

Ein giftiger Sprühregen – 60-mal pro Jahr:

- Arbeiter und Flugzeuge sprühen Gift auf die Bananenpflanzen
- Menschen ohne Schutzbekleidung – Folgen: Asthma, Husten, Hautreizungen, Frauen werden unfruchtbar, Babys kommen krank oder mit Missbildungen zur Welt

Verseuchtes Wasser macht die Menschen krank:

- Pestizide vergiften Böden, Brunnen und Flüsse
- Fische und Trinkwasser sind mit Gift verseucht
- Plantagenbesitzer ignorieren Beschwerden der Dorfbewohner
- Chiquita, Dole und Del Monte möchten nur große Gewinne machen
- Arbeiter bekommen wenig bezahlt

Du entscheidest: Denn billig ist nicht immer gut

- „Fair Trade"-Bananen kaufen
- Logo garantiert ein Verbot von Kinderarbeit, eine gerechte Bezahlung der Arbeiter

---

32 So könnte deine Lösung aussehen.

Abschnitt 1:

Der 14-jährige Rodrigo arbeitet **wie seine Geschwister 13 Stunden täglich – außer Sonntag** – auf einer Bananenplantage **in Ecuador, damit sie mehr Geld verdienen. Da die Bananen sehr empfindlich sind**, wird viel Gift gesprüht. **Schutzbekleidung tragen sie aber keine.**
Die Banane ist das meistgekaufte Obst der Welt, **70 Millionen Tonnen** werden jährlich verspeist. In Österreich ist sie nach dem Apfel die beliebteste Frucht. **13 Millionen Stück werden wöchentlich verzehrt.**
Drei Firmen bauen 70 Prozent der Bananen in riesigen Monokulturen an. Diese bringen zwar mehr Gewinn, sind aber besonders anfällig für Schädlinge und Krankheiten, weswegen man Pestizide einsetzt – **zirka 50 Kilogramm jährlich pro Hektar.** Bananen sind somit die Pestizidweltmeister. **Zum Vergleich: Im heimischen Kartoffelanbau verwendet man ein Zehntel der Menge des Giftes.**

(119 Wörter)

Abschnitt 2:

Die Pestizide werden von den Arbeitern oder Flugzeugen auf die Pflanzen gesprüht. Da die Arbeiter oftmals keine Schutzkleidung tragen, gefährden sie ihre Gesundheit. Die Folgen sind Asthma, Husten, Hautreizungen, Unfruchtbarkeit bei Frauen und Missbildungen bei Babys.

(36 Wörter)

Abschnitt 3:

Die Pestizide gelangen aber auch in die umliegenden **Böden**, Brunnen und Flüsse, wodurch die Fische und das Trinkwasser vergiftet werden. Auf Beschwerden reagieren die Plantagenbesitzer **aber nicht.** Chiquita, Dole und Del Monte wollen große Gewinne machen und bezahlen den Arbeitern **nur einen geringen Lohn.** Man sollte **„Fair Trade"-Bananen kaufen.** Dadurch hat man die Garantie, dass Kinderarbeit verboten ist und die Arbeiter **gerecht** bezahlt werden.

(64 Wörter)
(insgesamt 219 Wörter)

33

Lebenslauf

Persönliche Daten:	Simon Hausegger geboren am 17.03. in Eisenstadt österreichische Staatsbürgerschaft evangelisch Vater: Horst Hausegger, Polizeibeamter Mutter: Karin Hausegger, geborene Pichlbauer, Verkäuferin Bruder: Oliver (18), Kfz-Lehrling
Schulbildung:	Volksschule Gallgasse in Eisenstadt von ... – ... Hauptschule Pestalozzigasse in Eisenstadt von ... – ... derzeit Polytechnischer Lehrgang in Mattersburg
Praktikum und Schnuppertage:	in der Kfz-Werkstatt Haas in Mattersburg
Besondere Kenntnisse und Interessen:	Lieblingsfächer: Mathematik, Bewegung und Sport Hobbys: Schwimmen, Fußball, Mountainbiking Lesen von Autozeitschriften, technisches Interesse an Motoren, Mitglied der Freiwilligen Feuerwehr Eisenstadt
Berufswunsch:	Kfz-Mechaniker

Eisenstadt, 23.05. *Simon Hausegger*

Lebenslauf

Mein Name ist Simon Hausegger. Ich wurde am 17.03. in Eisenstadt als jüngster Sohn von Horst und Karin Hausegger (geb. Pichlbauer) geboren.
Mein Vater ist Polizeibeamter und meine Mutter Verkäuferin.
Mein älterer Bruder Oliver ist 18 Jahre und Kfz-Lehrling.
Ich besitze die österreichische Staatsbürgerschaft und bin evangelisch.

Von ... bis ... ging ich in die Volksschule Gallgasse in Eisenstadt und von ... bis ... besuchte ich die Hauptschule Pestalozzigasse in Eisenstadt.
Derzeit absolviere ich das letzte Schuljahr im Polytechnikum in Mattersburg.
Berufspraktikum und Schnuppertage habe ich in der Kfz-Werkstatt Haas gemacht.
Ich habe einen mittelmäßigen Schulerfolg, jedoch gehöre ich in Mathematik und Bewegung und Sport zu den Besten der Klasse.

Zu meinen Hobbys gehören Schwimmen, Fußballspielen und Mountainbiking.
Seit vier Jahren bin ich Mitglied der Freiwilligen Feuerwehr Eisenstadt, bei der ich schon viel an Kameradschaftlichkeit und Teamgeist gelernt habe.
Ich interessiere mich für Motoren und lese mit Begeisterung Autozeitschriften.
Mein Berufswunsch ist es, Kfz-Mechaniker zu werden.

Eisenstadt, 23.05. *Simon Hausegger*

34

- 2 Anschrift
- 8 Beilagen
- 4 Betreff (Anlass des Schreibens)
- 3 Ort und Datum
- 6 Text der Bewerbung
- 1 Absender
- 7 Grußformel und Unterschrift
- 5 Anrede

35 2. Ich verbleibe in Erwartung auf eine rasche Beantwortung meines Bewerbungsschreibens von Ihnen …
Verstoß gegen Tipp 1
Bitte beantworten Sie mein Bewerbungsschreiben. Mit freundlichen Grüßen …

3. Es tut mir leid, aber ich kann Ihnen die Zeugniskopie erst nach den Semesterferien zusenden.
Verstoß gegen Tipp 6
Sie erhalten die Zeugniskopie sofort nach den Semesterferien.

4. Ich glaube, dass ich den Anforderungen entspreche, da ich mit großem Enthusiasmus an die Arbeit herangehe.
Verstoß gegen Tipp 4
Ich glaube, dass ich den Anforderungen entspreche, da ich mit großer Begeisterung (großem Einsatz) …

5. Ich bewerbe mich auf Ihr Inserat in den „Salzburger Nachrichten" als Zahntechnikerin.
✔ Tipp 2 wurde beachtet.

6. Bitte beantworten Sie mein Bewerbungsschreiben oder geben Sie mir Gelegenheit zum persönlichen Vorstellungsgespräch.
✔ Tipp 5 wurde beachtet.

7. Es würde mich freuen, wenn Sie mir mitteilen würden, ob Sie mich als Lehrling in Ihrem Betrieb aufnehmen könnten.
Verstoß gegen Tipp 2
Ich würde mich freuen, als Lehrling in Ihrem Betrieb arbeiten zu dürfen.
ODER: Ich freue mich, wenn ich als Lehrling in Ihrem Betrieb arbeiten dürfte.

8. Ich würde diesen Job gerne haben und würde mich förmlich vor Arbeitseifer zerreißen!
Verstoß gegen Tipp 3
Gerne hätte ich diese Arbeitsstelle (Lehrstelle). Ich verspreche eifrig und pflichtbewusst meine Arbeit zu erledigen.

36

Sehr geehrte Frau Nistler,
in **Ihrer** Anzeige im „Kurier" habe ich gelesen, dass **Sie** Ferialpraktikanten für **Ihr** Reisebüro in den Sommermonaten suchen. Da ich mich für diese Praktikumsstelle sehr interessiere, bewerbe ich mich um **sie**.
Ich bin 15 Jahre alt, besuche die Handelsschule in Kufstein und habe während meiner berufspraktischen Tage erfahren, welche Tätigkeiten zu den Aufgaben in einem Büro gehören.
Ich arbeite gerne am PC, bin zuverlässig und habe gute Umgangsformen.
Ich möchte später einen Beruf erlernen, in dem ich mit Kunden sprechen kann und **sie** berate.
Ich freue mich, wenn ich zu einem Vorstellungsgespräch bei **Ihnen** eingeladen werde …

37

Simon Hausegger
Schmiedgasse 15/4/3
7000 Eisenstadt
Tel.: 0666/00 11 22 33
E-Mail: simon_hausegger@aufsteigennet.at

Kfz-Werkstatt Sonnleiner
z. H. Herrn Ing. Hermann Schreiner
Hauptstraße 125
7000 Eisenstadt

Eisenstadt, 23.05.

Bewerbung um eine Lehrstelle als Kfz-Mechaniker

Sehr geehrter Herr Ing. Schreiner!

Da es schon lange mein Wunsch ist, Kfz-Mechaniker zu werden, möchte ich mich um eine Lehrstelle in Ihrem Betrieb bewerben.
Ich bin 15 Jahre alt und beende mit diesem Schuljahr meine Schulpflicht.
Im beigelegten Lebenslauf können meine Daten nachgelesen werden.
Mein Halbjahreszeugnis gibt Auskunft über meine schulischen Leistungen.

Ich glaube, dass ich den Anforderungen als Kfz-Mechaniker entspreche, da mein großes Interesse den Autos gilt und ich gewissenhaft und sorgfältig arbeite.
Von meinem älteren Bruder, der Kfz-Mechaniker im letzten Lehrjahr ist, habe ich schon viel Wissenswertes und Interessantes über diesen Beruf erfahren.
Die „Schnuppertage" und das Berufspraktikum am Arbeitsplatz meines Bruders haben mich darin bestärkt, dass ich Kfz-Mechaniker werden will.

Ich freue mich, wenn ich die Gelegenheit bekomme, mich persönlich bei Ihnen vorstellen zu dürfen. Falls meine Bewerbung positiv ausfällt, werde ich mich bemühen, mein Bestes zu geben.

Mit freundlichen Grüßen

Simon Hausegger

Beilagen:
Lebenslauf
Kopie des Halbjahreszeugnisses

38

Andreas Grubmayer
Hagnerberg 126
9913 Abfaltersbach 1
Tel.: 0666/77 71 11
E-Mail: a.grubmayer@sauer.at

Versandhaus Elektroplus
Münzgasse 44 2
1500 Wien
E-Mail: elektroplus@versand.at

Abfaltersbach, 22.11. 3

Reklamation zu meiner Bestellung eines Ladegeräts vom 13.11. 4

Sehr geehrte Damen und Herrn! 5

Das von mir am 13.11. telefonisch bestellte Ladegerät für mein Handy NJKM 23 wurde mir bis heute nicht geliefert. Auch auf meine telefonische Nachfrage am 21.11. konnte mir keine Auskunft gegeben werden, ob meine Bestellung schon versandt wurde.
Ich ersuche Sie, mir die Ware innerhalb einer Woche zu liefern, andernfalls ziehe ich meine Bestellung zurück. 6

Mit der Bitte um baldige Erledigung verbleibe ich mit freundlichen Grüßen 7

Andreas Grubmayer

39

Nicole Groß
Baumgartnerweg 23/6
2500 Baden
Tel.: 0500/98 76 543
E-Mail: nicolegross@sauer.at

Tüftler Versand
E-Mail: tüftler@versand.com

Baden, 20.08.

Reklamation eines fehlerhaften Modellbausatzes „Porsche Cayenne Turbo“ (Rg.-Nr. 2345/18082)

Sehr geehrte Damen und Herren!

Der von mir bestellte Modellbausatz „Porsche Cayenne Turbo“ (Rg.-Nr. 2345/18082) ist leider unvollständig, denn einige Einzelteile fehlen. Dies habe ich leider erst im Zuge des Zusammenbauens des Autos bemerkt. Bitte schicken Sie mir einen neuen Bausatz, ich werde den unvollständigen Modellbausatz an Sie zurückschicken.

Mit der Bitte um baldige Erledigung verbleibe ich mit freundlichen Grüßen

Nicole Groß

40

Herrn August Zwirn Mandelgasse 23 1238 Wien	**Frau DI Irmgard Fasching Gablergasse 4/8/1 3400 Klosterneuburg**	**Gustav Demel Kleegasse 12/7 81671 MÜNCHEN DEUTSCHLAND**
Manuela Hobinger Hollergasse 2 2512 Tribuswinkel	Greenpeace z. H. Mag. Manfred Neyer Siebenbrunnengasse 44 1050 Wien	**Firma Kompass & Co Baumarktstraße 111 1100 Wien**
Felix Rubinger Kammingerplatz 12 5600 St. Johann	**Familie Heinz u. Brigitte Dorn Zweigstraße 12 4300 St. Valentin**	**GLOBAL 2000 z. H. Prof. Lea Groß Flurschützstraße 13 1120 Wien**
Dr. Harald Töllinger Fuchsgartenstr. 127 7540 Güssing	**Ordination Dr. Klemens Wolff Berghofstraße 23/1/1 5700 Zell am See**	**Ida Buchinger – Berg Hochstraße 103 3400 Klosterneuburg**

41

Behauptung	Begründung	Beispiel
Durch ein Haustier lernt man Verantwortung zu übernehmen, ...	(1.) ... da man für ein Lebewesen sorgen muss.	(4.) Täglich muss man das Tier füttern und pflegen.
(3.) Für Kinder und Jugendliche ist es wichtig, ein Handy zu besitzen, ...	... weil sie damit in Notfällen ihre Eltern benachrichtigen können, ...	(5.) ... z. B. wenn sie wegen Bus- oder Bahnverspätung später nach Hause kommen.
(6.) Hausübungen sind sinnvoll, ...	(2.) ... denn in der Schule Gelerntes wird zu Hause wiederholt und gefestigt.	Beispielsweise kann man aufgrund erledigter Hausübungen eine gute Schularbeit schreiben.

42

Behauptung	Begründung	Beispiel
Gewaltspiele für Spielkonsolen/Computer sollten verboten werden, ...	(1.) ... weil Gewalt verherrlicht wird und Jugendliche dadurch zur Nachahmung angeregt werden können.	grobe Schlägereien unter Kindern und Jugendlichen
Gewaltspiele für Spielkonsolen/Computer sollten verboten werden, ...	(3.) ... da Jugendliche gegenüber realer Gewalt abstumpfen können.	Abstumpfung, Gefühllosigkeit
Gewaltspiele für Spielkonsolen/Computer sollten verboten werden, ...	(4.) ... denn sie können bei Jugendlichen zu Angstzuständen und Albträumen führen.	Schlaflosigkeit, psychische Auffälligkeiten
Gewaltspiele für Spielkonsolen/Computer sollten angeboten werden, ...	(2.) ... weil sie eine spannende und aufregende Handlung zeigen.	Storyline gut durchdacht und spannend gestaltet
Gewaltspiele für Spielkonsolen/Computer sollten angeboten werden, ...	(5.) ... da sie gut zum Abreagieren von Stress und Aggression sind.	Aggressionsabbau, wieder gute Laune
Gewaltspiele für Spielkonsolen/Computer sollten angeboten werden, ...	(6.) ... weil sehr gute Effekte zu sehen sind.	vielfach ausgezeichnete Spiele

43

Rauchen ist cool, weil ...	Rauchen ist uncool, weil ...
1. ... ich dann zur Gruppe dazugehöre.	1. ... ich mich – nur um dazuzugehören – von der Masse nicht mitziehen lassen will.
2. ... es frei macht!	3. ... weil es abhängig macht.
3. ... ich mich dann erwachsen fühle!	4. ... es bei Männern zu Impotenz und bei Frauen zu Brust- und Gebärmutterkrebs führen kann. Ist das ein cooles Erwachsensein?
4. ... ich dann lässig und dynamisch wirke.	8. ... es schlapp macht und meine Leistungs- und Reaktionsfähigkeit mindert.
5. ... ich dadurch schlank bleibe und gesund wirke.	7. ... es krank macht. Die Liste reicht von Haut- und Lungenkrebs bis Schlaganfall und Herzversagen.
6. ... es mich entspannt.	5. ... ich Entzugserscheinungen bekomme und dann unruhig, zittrig und unkonzentriert bin.
7. ... es nur meine Sache ist, wenn ich rauche.	6. ... es nicht nur die Rauchenden schädigt, sondern auch die, die passiv mitrauchen.
8. ... ich mir meine Zigaretten selbst leisten kann.	2. ... nicht nur die Zigaretten selbst, sondern auch die medizinischen Behandlungen von Krankheiten, die durch Rauchen entstehen, Kosten verursachen.

44

Behauptung	Begründung	Beispiel
Ja, es ist richtig, dass Rauchen an Schulen verboten wurde, ...	... weil jüngere Schüler/innen durch die Vorbildwirkung von Erwachsenen zum Rauchen verführt werden können.	Jüngere stehen bei älteren Schüler/innen im Schulhof und rauchen nur deshalb, weil sie ihnen nacheifern.
Ja, es ist richtig, dass Rauchen an Schulen verboten wurde, ...	... da Rauchen nicht nur die eigene Gesundheit schädigt, sondern auch gesundheitliche Schäden durch Passivrauchen bei Nichtrauchern/innen entstehen können.	Nichtrauchende Schüler/innen atmen ebenfalls Giftstoffe im Raucherbereich (Raucherzimmer, Schulhof) ein.
Ja, es ist richtig, dass Rauchen an Schulen verboten wurde, ...	... denn auf den Boden geworfene Asche und Zigarettenstummeln sind unansehnlich und müssen entsorgt werden.	Zigarettenstummel am Fußboden/Schulhof (trotz Aschenbecher) sind unansehnlich und bedeuten zusätzliche Arbeit für das Putzpersonal.

45

- Welche Situation (Ist-Zustand) wird im Text beschrieben?
  Rauchen ist für Jugendliche **cool**. In der Schule lernt man **rauchen**.
- Welches Ziel zur Problemverringerung/-lösung (Soll-Zustand) könnte in einem Leserbrief angeführt werden?
  Rauchen muss für Jugendliche **uncool** werden. Schule muss dabei **helfen**.

46

- 2 Einleitung
- 4 Meinungsdarlegung
- 6 Appell/Vorschläge
- 5 Zusammenfassung
- 7 Abschluss
- 1 Überschrift
- 3 Zusammenfassung

47

...

Will man Handys in der Schule verbieten, stellt sich die Frage der Durchführbarkeit. Wer sollte dieses Verbot kontrollieren und wie sollte man vorgehen? Allein die Unbeantwortbarkeit dieser Frage zeigt, dass ein Handyverbot in der Schule praktisch unüberprüfbar ist.

Weiters ist anzuführen, dass ein Handy heute bei vielen schon kombiniert ist mit

Kalender, PC und Internetzugang. Diese Funktionen werden auch im Unterricht verwendet und daher ist das Handy Teil des Unterrichts geworden und unverzichtbar.

Ein drittes und wichtiges Argument für die Benutzung von Handys in der Schule ist, dass Kinder ihre Eltern möglichst schnell benachrichtigen können. Der Grund kann eine Notsituation, die plötzlich eingetreten ist, oder ein unvorhergesehener Unterrichtsentfall sein.

Diese Gegenargumente widersprechen dem aber nicht, dass es einen verantwortungsvollen Umgang mit dem Handy geben muss und dass besonders Kinder und Jugendliche geschützt werden müssen!

Ich meine daher, dass ein sinnvoller Umgang mit dem Mobiltelefon wichtig ist. Kinder müssen lernen, ihr Handy nicht pausenlos eingeschaltet zu haben und nur dann zu telefonieren bzw. eine Handyfunktion zu nutzen, wenn es wirklich notwendig und sinnvoll ist. Diese Aufgabe, die Kinder zu einem verantwortungsvollen Umgang mit dem Handy zu erziehen und sie vor den gefährlichen Auswirkungen auf ihre Gesundheit zu warnen, sollten die Eltern und auch die Schule übernehmen.

Mit freundlichen Grüßen

48

Kinder richtig erziehen [1]

Im Heft 12, September d. J., las ich einen interessanten Artikel zum Thema „Kindererziehung heute“ von Dr. Werner Hofbauer. [2]
In diesem Beitrag wird die mangelnde Erziehung unserer Kinder beklagt und auf die fehlende Erziehungsarbeit der Erwachsenen zurückgeführt. [3]
Ich stimme dem Verfasser hier voll und ganz zu, aber möchte ergänzen, dass bei der richtigen Erziehung auch Wert auf eiserne Disziplin gelegt werden muss.
Erwachsene dürfen sich bei Erziehungsfragen nicht immer auf Diskussionen mit ihren Sprösslingen einlassen, denn da kommt nicht viel heraus. Ich vertrete vielmehr die Ansicht, dass bei störrischen Jugendlichen durchaus die „g'sunde Watschn“ ein wichtiges Erziehungsmittel ist. Auch wir Älteren haben als Kinder öfter Ohrfeigen bekommen. Sie haben uns nicht geschadet und wir haben dann Entscheidungen von unseren Eltern widerspruchslos hingenommen. Aus Angst vor der körperlichen Züchtigung haben wir mehr gefolgt. [4]
Zusammenfassend möchte ich sagen, dass Vorbildwirkung und eiserne Disziplin die Grundpfeiler jeder Erziehung sein sollten. Eine „g'sunde Watschn“ hat noch niemandem geschadet! [5]
Es bleibt abschließend zu hoffen, dass alle Erwachsenen bei der Erziehung an einem Strang ziehen, mit eiserner Disziplin und ohne Diskussion! [6]

Mit freundlichen Grüßen [7]
Gabriele H.
1220 Wien

„Puls“, Heft 14, November d. J.

49 **Kinder mit Liebe und Wertschätzung erziehen**

In der Ausgabe vom November d. J. der Zeitschrift „Puls“ schreibt Gabriele H. in einem Leserbrief „Kinder richtig erziehen“, dass bei der richtigen Erziehung auch Wert auf eiserne Disziplin gelegt werden müsse, wobei sie die „g´sunde Watschn“ als wichtiges Erziehungsmittel angibt.
Ich meine, dass Disziplin in der Erziehung sehr wichtig ist, jedoch sollte sie nicht „eisern“ mit körperlicher Züchtigung wie Ohrfeigen oder Schlägen verbunden sein, denn das hat furchtbare Auswirkungen auf die Psyche des Kindes.
Schläge sind kein Erziehungsmittel, denn sie erzeugen Angst und Aggression. Angst verschreckt das Kind bzw. den Jugendlichen. Aggression erzeugt Gewalt und Geschlagene werden wieder zu Schlägern. Ich möchte der Leserbriefschreiberin darin vehement widersprechen, dass eine „g´sunde Watschn“ noch niemandem geschadet hat!
Kinder sollten mit Liebe und Wertschätzung erzogen werden. Entscheidungen der Eltern sollten von Kindern hinterfragt werden können. Probleme sollten mit den Kindern besprochen werden, denn die Einsicht der Jugendlichen ist die Voraussetzung dafür, dass sie sich an Regeln halten und Erziehung erfolgreich ist. Erziehungsarbeit ist oft nicht einfach, aber das bedeutet nicht, dass Schläge als Erziehungsmittel aus irgendeinem Grund zu rechtfertigen sein könnten.

Mit freundlichen Grüßen
Monika Rusch
(Mutter von drei Kindern)

50

1. Müssen Hausaufgaben sein – oder sind sie entbehrlich? **E**
2. Vorteile und Gefahren des Computers **B**
3. Welche Vorzüge, aber auch Gefahren bringt das Fernsehen? **B**
4. Findest du, dass ein Haustier erzieherischen Wert für Kinder hat? **E**
5. Schule ohne Noten. Glaubst du, dass das möglich ist? **E**
6. Welche Vorzüge hat das Leben in der Stadt bzw. auf dem Lande? **B**
7. Wie können wir zu Hause zum Umweltschutz beitragen? **B**
8. Findest du, man sollte die Zigarettenwerbung verbieten? **E**

51

1. … sie Freude am Fußballspielen haben.
2. … sie einen Mannschaftssport ausüben wollen.
3. … ~~sie schnell laufen können.~~ (Argument zu allgemein gehalten)
4. … sie talentiert sind und vielleicht einmal Profispieler/in werden wollen.
5. … ~~sie gerne an der frischen Luft sind.~~ (Argument zu allgemein gehalten/ verfehlt Thema)
6. … ~~sie nichts Besseres zu tun haben.~~ (Argument verfehlt Thema)
7. … sie an Fußballturnieren teilnehmen wollen.
8. … ~~ihnen am Nachmittag fad ist.~~ (Argument verfehlt Thema)
9. … sie dort Freunde/Gleichgesinnte treffen.
10. … ~~sie am Grundgedanken der Olympischen Spiele („Dabei sein ist alles.“) festhalten.~~ (Argument zu allgemein gehalten)

52 **Jugendliche besuchen einen Fußballverein, weil …**

- … sie sportliche Aktivität unter kompetenter Trainingsleitung leisten.
  Beispiel: Fußballtrainer gibt Anweisungen, erstellt Trainingsplan, kommt Trainingserfolg und Gesundheit zugute
- … sie Freunde/Gleichgesinnte treffen.
  Beispiel: Zugehörigkeit zum Verein fördert die Gemeinschaft
- … sie einen Mannschaftssport ausüben wollen.
  Beispiel: Teamgeist und eigenes Durchsetzungsvermögen werden gestärkt.
- … sie das Ziel haben, Profispieler/in zu werden.
  Beispiel: Die gesammelten Erfahrungen im Fußballverein helfen in der Karriere.
- … sie Vereinsaktivitäten schätzen.
  Beispiel: Teilnahme an Festen (Sportfeste, Weihnachtsfeste, Turniere)
- … dies eine sinnvolle Freizeitgestaltung ist.
  Beispiel: Ausgleich zu sitzender Tätigkeit in der Schule und zu Computerspielen

---

53
- Umgang mit Geld wird gelernt (sparen, einteilen)
- Wirklichkeit besser einschätzen lernen (kritisch beim Einkauf)
- Selbständigkeit lernen (selbst entscheiden, was man kaufen will)
- bekommen ohnehin alles Notwendige von Eltern (unnötig)
- Eltern können nicht überprüfen, was Kind/Jugendliche(r) mit Geld kauft (Gefahr)

---

54 **Taschengeld ist sinnvoll, weil …**

- … Jugendliche ihre Wirklichkeit besser einzuschätzen lernen.
  Beispiel: Wert des Geldes besser/realistisch einschätzen, kritischer beim Einkauf
- … Jugendliche dadurch selbständiger werden.
  Beispiel: eigene Entscheidungsmöglichkeit über Geld, Schritt zum Erwachsenwerden

Taschengeld ist nicht sinnvoll, weil …

- … Eltern dann nicht überprüfen können, was mit dem Geld gekauft wird.
  Beispiel: Kind kauft sich ungesundes Essen oder Trinken, eventuell Zigaretten
- … weil die Lebenskosten gestiegen sind und Taschengeld die Geldbörsen der Eltern zusätzlich belasten würde.
  Beispiel: Strom, Miete, Benzin sind teurer geworden.

---

55 Thementyp: Entscheidungserörterung

Stoffsammlung:

- In der Schule Gelerntes wird zu Hause wiederholt/gefestigt.
- Bereits Gelerntes wird unnötigerweise nochmals gelernt.
- Schüler/innen sind nach Schultag erschöpft.
- HÜ wird meistens abgeschrieben.
- wichtiges Üben für Schwächere
- Fragen/Unklarheiten tauchen oft erst beim Schreiben der HÜ auf.

+ **Pro-Argumente**	– **Kontra-Argumente**
Hausübungen sind sinnvoll, denn das in der Schule Gelernte wird zu Hause wiederholt und gefestigt.	Hausübungen sind nicht sinnvoll, denn bereits Gelerntes wird unnötigerweise nochmals gelernt.
... ,besonders Schüler/innen, die Schwächen in einem Fach haben, brauchen zusätzliche Übungen.	... ,denn sie werden ohnehin meistens abgeschrieben.
... ,denn oft tauchen beim selbständigen Arbeiten erst Fragen/Unklarheiten auf.	... ,denn Schüler/innen sind nach einem langen Schultag zu erschöpft, um noch zusätzliche Arbeit zu leisten.

Gliederungsvariante: 2 oder 3 möglich
(Aneinanderreihen oder Abwechseln der Pro-/Kontra-Argumente)

---

56 Einige Möglichkeiten werden angeführt:

- Zunächst ist anzuführen (zu erwähnen), dass Taschengeld sinnvoll ist, weil Jugendliche dadurch den Umgang mit Geld lernen.
  Zuerst ...
  An erster Stelle ...
  Erstens ...
  Als Erstes ist hier ...
- Ebenso wichtig ist das Argument, dass Jugendliche durch eigenes Geld ihre Wirklichkeit besser einzuschätzen lernen.
  Außerdem ist zu bedenken, dass ...
  Hinzu kommt, dass ...
  Ein weiterer Aspekt ist, dass ...
  Nicht weniger wichtig ist, dass ...
- Vor allem aber spricht für Taschengeld, dass Jugendliche dadurch selbständiger werden.
  Schließlich ...
  Drittens ...
  Nicht zuletzt ...
  Zum Schluss sei noch genannt, dass ...

57
- Taschengeld ist sinnvoll, weil Jugendliche den Umgang mit Geld lernen, **demgegenüber ist aber auch zu bedenken**, dass sie ohnehin alles Notwendige von den Eltern bekommen.
- ... **dem steht allerdings entgegen**, dass ...
- **Trotz dieses Grundes**, dass Jugendliche durch Taschengeld den Umgang mit Geld lernen, **darf jedoch auch nicht übersehen werden**, dass ...
- Taschengeld ist **zwar** sinnvoll, weil ..., **aber** erscheint sinnlos, weil ...

58 1. Taschengeld ist sinnvoll, weil Jugendliche dadurch ihre Wirklichkeit besser einzuschätzen lernen. **Von außerordentlicher Wichtigkeit ist aber,** dass Jugendliche dadurch selbständiger werden.

2. Taschengeld ist sinnvoll, weil Jugendliche dadurch ihre Wirklichkeit besser einzuschätzen lernen und **schließlich** selbständiger werden.

3. Taschengeld ist sinnvoll, weil Jugendliche dadurch ihre Wirklichkeit besser einzuschätzen lernen. **Am deutlichsten zeigt sich dies darin**, dass Jugendliche dadurch selbständiger werden.

---

59 **Folgende Möglichkeiten bieten sich an:**

1. **Ist Zivilcourage notwendig oder bringt sie überflüssigen Ärger?**
   „Mut, für seine Meinung auch Nachteile zu riskieren", diese Definition liest man im Österreichischen Wörterbuch, wenn man unter „Zivilcourage" nachschlägt. Das heißt also: Soll man den Mut aufbringen, für seine Meinung auch Nachteile zu riskieren? Ist dieses Handeln notwendig oder bringt es überflüssigen Ärger?

2. **Warum besuchen Jugendliche einen Fußballverein?**
   In der Zeit, als meine Großeltern Jugendliche waren, gab es kein derart übergroßes Freizeitangebot wie heute. Vereine, insbesondere Sport- und Fußballvereine, waren oft die einzige Möglichkeit, seine Freizeit mit sportlichen Aktivitäten zu gestalten. Heute ist das anders.

3. **Ist Taschengeld sinnvoll?**
   Erst letzte Woche hatte ich mit meinen Eltern eine längere Diskussion zum Thema Taschengeld. Sie sind nämlich der Meinung, dass ich kein Taschengeld bekäme, weil ich ohnehin schon alles habe, und wenn ich Geld bräuchte, solle ich mich einfach an sie wenden.

4. **Müssen Hausaufgaben sein – oder sind sie entbehrlich?**
   „Warum bekommen wir in jeder Unterrichtsstunde eine Hausübung?"
   Mit dieser Frage löste eine Mitschülerin in der letzten Deutschstunde eine heftige Diskussion aus. Die Mehrheit der Klasse war der Meinung, dass Hausaufgaben entbehrlich seien. Unsere Lehrerin wollte von uns gute Argumente dafür haben.

---

60 1. Zusammenfassung
2. Schlussfolgerung
3. Ausblick

61

Ist Taschengeld sinnvoll?

Erst letzte Woche hatte ich mit meinen Eltern eine längere Diskussion zum Thema Taschengeld. Sie sind nämlich der Meinung, dass ich kein Taschengeld bräuchte, weil ich ohnehin schon alles hätte und wenn ich Geld bräuchte, solle ich mich einfach an sie wenden. Ich möchte aber jede Woche eine feste Summe haben und nicht jedes Mal um Geld betteln. Ich bin der Meinung, dass Taschengeld für Jugendliche sinnvoll ist. E

1. Als Erstes ist anzuführen, dass Taschengeld für Jugendliche deshalb sinnvoll ist, weil sie dadurch den verantwortungsvollen Umgang mit Geld lernen. Sich eine bestimmte Geldsumme über eine Woche oder einen Monat gut einzuteilen, ist nicht so einfach und verlangt vorausblickendes Handeln, das man als Erwachsener benötigt und deshalb schon als Jugendlicher lernen muss. Der Teenager kann selbst entscheiden, ob er sein Taschengeld spart oder ausgibt. Wenn er sich sein Geld gut einteilt, kann er sich auch einmal etwas Besonderes leisten, z. B. eine gute Sportausrüstung oder ein Computerspiel.

2. Ein weiterer wichtiger Aspekt ist, dass der Jugendliche nicht nur den Umgang mit seinem Geld, sondern auch die Wirklichkeit, also den Wert des Geldes, besser einschätzen lernt. Da er nur über eine bestimmte Summe verfügt, wird er die Artikel, die er sich kaufen möchte, genauer und kritischer betrachten. Er vergleicht z. B. das Marken-T-Shirt mit anderen gleichwertigen Produkten, ehe er den Artikel wirklich kauft. Ein T-Shirt mit einem „No-Name-Aufdruck“ kostet oft nur die Hälfte der „Nobelmarken“. Aufgrund dieser Erkenntnis kann der Käufer viel Geld sparen. H

3. Nicht zuletzt sei erwähnt, dass neben dem kritischen Umgang mit dem Warenwert der Jugendliche auch Selbständigkeit gewinnt. Denn er entscheidet selbst, was er für sein Taschengeld kaufen möchte. Hat er sein Geld bereits für Kleidung oder CDs ausgegeben, muss der Jugendliche selbst diese Entscheidung tragen und kann nicht seine Eltern zur Verantwortung ziehen, wenn er z. B. noch Geld für einen Kinobesuch bräuchte.

Zusammenfassend kann daher gesagt werden, dass verantwortungsvoller, kritischer Umgang mit Geld und die Selbständigkeit, über sein Geld eigenverantwortlich zu entscheiden, wichtige Schritte ins Erwachsenenleben sind, weil man als Jugendlicher dabei lernt Verantwortung für sein Handeln zu übernehmen. Taschengeldbezug ist daher meiner Meinung nach für die positive Entwicklung eines Jugendlichen unverzichtbar. S

62 + 63

Warum besuchen Jugendliche einen Fußballverein?

In der Zeit, als meine Großeltern Jugendliche waren, gab es kein derart übergroßes Freizeitangebot wie heute. Vereine, insbesondere Sport- und Fußballvereine, waren oft die einzige Möglichkeit, seine Freizeit mit sportlichen Aktivitäten zu gestalten. Heute ist das anders, denn wir Jugendlichen können aus einer Vielzahl an Angeboten wählen. Dennoch entscheiden sich viele Jugendliche, vor allem Buben, aus den unterschiedlichsten Gründen einem Fußballverein beizutreten. E

1. **Zuerst** möchte ich das für einen sportbegeisterten Jugendlichen wohl stärkste Argument, warum er einen Fußballverein besucht, nennen: Er trifft dort Freunde und Gleichgesinnte. Gemeinsame Interessen verbinden. Die Zugehörigkeit zu einem Verein fördert die Gemeinschaft, was wiederum sehr wichtig für einen Mannschaftssport ist.

2. Besonders wichtig aber erscheint mir **weiters**, dass das Zusammenspiel nicht nur den Teamgeist stärkt, sondern das eigene Durchsetzungsvermögen fördert. Wer sich mit dem Ball durchsetzen kann, kann auch seine Interessen in der Schule und später im Beruf besser durchsetzen. Daher ist Fußball nicht nur etwas für Buben, sondern auch für Mädchen.

3. **Ein weiterer Grund**, warum man in einen Verein trainieren kommt, kann sein, dass man unter kompetenter Anleitung eines Fußballtrainers richtig trainiert und größeren Trainingserfolg hat. Tipps und Hilfestellung eines erfahrenen Trainers kommen der Gesundheit und auch dem sportlichen Erfolg zugute. Denn vor allem der Wunsch, Profispieler oder Profispielerin zu werden und Aufstiegschancen in eine bessere Liga zu bekommen, motiviert Jugendliche im Verein zu spielen. H

4. **Ein nicht weniger wichtiges Argument**, dass Fußballspielen in einem Verein eine sinnvolle Freizeitgestaltung sei und einen Ausgleich zur sitzenden Tätigkeit in der Schule und zu Hause vor dem Computer darstelle, bringen wahrscheinlich Eltern sportbegeisterter Jugendlicher vor.

5. **Nicht zuletzt** sind auch die Vereinsaktivitäten für viele Jugendliche ein Grund, einem Fußballverein anzugehören. Denn Turniere, Sportfeste und Weihnachtsfeiern sind willkommene Höhepunkte im Leben eines Fußballspielers bzw. einer Fußballspielerin.

Schließlich kann gesagt werden, dass die Gründe jedes Einzelnen, einem Fußballverein anzugehören, sehr vielfältig sind. Aber ein Grund, nämlich dass alle Vereinsmitglieder Begeisterung für die weltweit beliebteste Mannschaftssportart zeigen, ist ihnen gemeinsam. S

64

Die Geschichte des Körperschmucks ist uralt, denn schon ägyptische
Priester piercten sich und bei Naturvölkern gilt Körperschmuck heute
noch als Mittel zur Magie. Die Punks in den 1970er Jahren stachen sich
als Zeichen des Widerstands gegen Autoritäten Sicherheitsnadeln
durch die Haut. Heute ist Körperschmuck zum Großteil ein Modetrend **E**
geworden und Frauen tragen Hüftjeans, um ihr Bauchnabel-Piercing
und ihre Tätowierung zeigen zu können, und Männer zeigen ihre
Tätowierung oder ihr Mehndi (Hennamalerei) mit ärmellosen T-Shirts.
Doch soll man, um IN und nicht OUT zu sein, Modetrends wie Piercing,
Tattoo und Mehndi folgen?
Ganz besonders wichtig ist es vielen Menschen, IN zu sein und mit der **1**
Mode zu gehen. Der Wunsch nach Anerkennung von Gleichaltrigen
oder der Druck der Clique kann besonders bei Jugendlichen der Grund
dafür sein, sich piercen oder tätowieren zu lassen. Auch die Absicht, **2**
seine Gruppenzugehörigkeit zu zeigen und zu schockieren und damit
gegen Autoritäten zu rebellieren, kann der Grund für ein Piercing oder
ein Tattoo sein.
Oft wird aber aus jugendlichem Leichtsinn heraus nicht bedacht, dass **3**
die Einstellung, der eigene Stil oder ein Modetrend sich ändern können
und die Entscheidung, ein Piercing stechen oder Farbe unter die Haut
spritzen zu lassen, wie dies bei einem Tattoo passiert, nicht wieder
rückgängig gemacht werden kann.
Denn selbst das Entfernen einer Tätowierung durch Laserbehandlung, **4**
durch Abschleifen oder mit Säuren hinterlässt Spuren, nämlich Narben.
Mehndis, auch „Tattoos auf Zeit“ genannt, verblassen oft nur langsam
und werden oft zu unansehnlichen Flecken. Löcher, die durch das Piercen
hervorgerufen wurden, verschwinden nie und es kann passieren, dass **H**
bei Tisch Suppe aus dem Loch unter der Unterlippe tropft.
Ein weiterer Grund, wieso Jugendliche Körperschmuck wie Tattoos, **5**
Piercings und Mehndis ablehnen sollten, ist die mögliche Gefährdung
ihrer Gesundheit. Es ist bekannt, dass sich Folgeschäden durch derartige
Eingriffe oft erst viel später zeigen. Der Körper kann mit Allergien auf
den Farbstoff und auf die chemischen Substanzen, die beim Tätowieren
und beim Auftragen der Hennamischung verwendet werden, reagieren.
Schmerzen durch verletzte Nervenbahnen, Knochenschwund und
Unverträglichkeiten, die durch den Metallkörper verursacht werden,
können bei gepiercten Personen oft erst Jahre später auftreten.
Werden Piercings, Tattoos und Mehndis nicht als vorübergehende **6**
Modeerscheinung eingestuft, sondern als Kunstwerke am Körper
gesehen und entscheidet man sich nach dem 18. Lebensjahr trotz aller
Risiken und Gefahren dafür, so sollte man diese Kunstwerke nur von
professionellen Tätowierern oder Piercern machen lassen. Weder von
einem „Pfuscher“ noch am Urlaubsstrand wird die nötige Hygiene
eingehalten. Bei fehlender Sauberkeit kann es nämlich zu schlimmen
Infektionen kommen.

Jedoch möchte ich abschließend nochmals auf die Gesundheitsrisiken durch derartige Eingriffe hinweisen. Man ist fürs Leben gezeichnet, oft mit Narben, Entzündungen, Allergien und Schäden am Knochen. Daher ist für mich die Frage, ob man Modetrends wie Piercing, Tattoo und Mehndi folgen soll, eindeutig mit NEIN zu beantworten, denn die genannten Risiken sind für mich zu groß und stehen in keinem Verhältnis zu einer schönen Verzierung oder einem kunstvollen Metallobjekt auf meiner Haut.	S

65

Österreichs Jugendliche beim Alkoholkonsum Spitzenreiter

Im EU-Vergleich sind Österreichs Jugendliche beim Alkoholkonsum negative Spitzenreiter. Das Bild der „braven" Jugendlichen wird durch die aktuelle EU-Schülerstudie angekratzt. Das Gesundheitsministerium schlägt Alarm.

Die 14- bis 16-Jährigen liegen beim Trinken im europäischen Spitzenfeld. Wie sich zeigt, sind Österreichs Jugendliche damit die trinkfreudigsten in ganz Europa. Jugendlichen unter 16 Jahren ist zwar der öffentliche Alkoholkonsum nicht erlaubt und harte Getränke dürfen erst an 18-Jährige ausgeschenkt werden, doch die Wirklichkeit sieht anders aus.

In ländlichen Gebieten hat jeder 12. Jugendliche ein Alkoholproblem und jeder 8. steht an der Kippe dazu. Bei jedem 5. Jugendlichen, der in Österreich stirbt, hat Alkohol die Hand im Spiel. Meist sind es tödliche Autounfälle, die die Folge von übermäßigem Alkoholkonsum sind, aber auch bleibende körperliche Schäden kann Alkohol bewirken. Obwohl sich der größte Teil der Bevölkerung strengere Regeln beim Umgang mit Alkohol wünscht, werden jedes Jahr mehr Alkoholvergiftungen bei Jugendlichen registriert.

Jugendanwalt Anton Schnell sagt dazu: „Die Gesetze werden nicht eingehalten. Junge Burschen und Mädchen trinken literweise Hochprozentiges. Süße Mischgetränke mit Wodka und Rum sind besonders bei Mädchen sehr beliebt. Auch hohe Geldstrafen (bis zu 14.500 €) schrecken Lokale nicht ab, Alkoholika an Kinder auszuschenken. So gut wie nie wird nach einem Ausweis gefragt. Ob Bier, Wein, Cocktails oder Schnaps, unter 16-Jährige haben in Österreich kein Problem, an Alkohol zu kommen." Jugendanwalt Schnell fordert mehr Kontrolle in Jugendlokalen und bessere Aufklärung der Jugendlichen über die Folgen und Schäden von Alkoholkonsum.

Das Gesundheitsministerium schlägt ebenfalls Alarm und sieht Handlungsbedarf: Es will die Lokalbesitzer und Wirte, die am Alkoholkonsum Jugendlicher und den damit verbundenen Alkoholvergiftungen maßgeblich beteiligt sind, auf Ersatzanspruch für angefallene Spitalskosten klagen. Außerdem fordert es eine Änderung der Gewerbeordnung. Künftig sollen Alkoholkonsum zum Einheitspreis (Flatrate*) und Wett-Trinken verboten werden.

Artikel vom 30.06. d. J., „PULS", Simone Freytag

* Man bezahlt einen Fixbetrag und kann so viel trinken, wie man will.

Eine EU-Studie zeigt, dass Österreichs Jugendliche beim Alkoholkonsum negative Spitzenreiter sind. Das Gesundheitsministerium schlägt Alarm und überlegt Konsequenzen.

66 Welche Ursachen für das Problem, dass Österreichs Jugendliche beim Alkoholkonsum Spitzenreiter sind, siehst du? → Belegerörterung

Brainstorming zu „Alkohol und Jugendliche“:

1. Wer Alkohol trinkt, möchte erwachsen und lässig wirken, cool sein.
2. Angetrunken und betrunken zu sein, ist bei vielen Jugendlichen positiv besetzt (Spaß, enthemmter Zustand, scheinbarer Problemlöser).
3. Vorbild in der Erwachsenenwelt
4. kein Problem für Jugendliche, an Alkohol zu kommen (Beleg in Artikel)
5. wenig Kontrolle und Angebote (Flatrate, Wett-Trinken) in Lokalen (Beleg in Artikel)
6. nicht ausreichende Aufklärung über Folgen und Schäden durch Alkohol (Beleg in Artikel)

Versuche auch Lösungsvorschläge, die das angeführte Problem verringern/beseitigen könnten, in deiner Erörterung anzuführen! → Belegerörterung

Brainstorming zu „Lösungsvorschlägen“:

7. Aufklärung über Folgen und Schäden durch Alkohol in Schule
8. mehr Kontrolle in Jugendlokalen, Verbot von Flatrate und Wett-Trinken, hohe Geldstrafen bei Verstoß für Lokalbesitzer (Beleg in Artikel)
9. Maßnahmen des Gesundheitsministeriums (Beleg in Artikel)
10. Kampagne: Ohne Rausch geht´s auch!

Gliederung:

Einleitung:	Ausgehend von Schilderung persönlicher Eindrücke, Erfahrungen, Fakten zum Problem hinführen, Beleg mit EU-Schülerstudie
Hauptteil:	1. Ursachen für das Problem (siehe Brainstorming „Alkohol und Jugendliche“) 2. Lösungsvorschläge (siehe Brainstorming „Lösungsvorschläge“)
Schluss:	persönliche Stellungnahme

67

Saufen ist cool! Angetrunkene und betrunkene Jugendliche, manche
kaum älter als 14 Jahre, taumeln samstagnachts in den Gassen und
auf den Plätzen österreichischer Städte und Orte herum. Immer wieder
muss die Rettung ausrücken, um Betrunkene – darunter erschreckend
viele Mädchen – in eines der umliegenden Krankenhäuser zu bringen, E
wo sie auf der Intensivstation enden. Tatsache ist, dass Alkohol für
Jugendliche die Droge Nummer eins ist. Wer ein alkoholfreies Getränk
bestellt, wird als „Weichei“ bezeichnet, Cola gilt nur, wenn Rum
enthalten ist. Ohne Rausch geht´s anscheinend nicht!

Diese Schilderungen spiegeln das Ergebnis einer EU-Schülerstudie
wider. Die 14- bis 16-jährigen österreichischen Jugendlichen liegen
beim Trinken im europäischen Spitzenfeld. Bei jedem 5. Jugendlichen,
der in Österreich stirbt, ist Alkohol im Spiel, meist sind es tödliche
Autounfälle. Alkoholvergiftungen bei Jugendlichen nehmen seit
Jahren zu. Das Gesundheitsministerium schlägt Alarm. (**vgl.** Simone
Freytag, „Österreichs Jugendliche beim Alkoholkonsum Spitzenreiter“ !
in „PULS“, 30.06. d. J.)

Das sind die Fakten. Aber welche Ursachen liegen dem Problem, dass
Österreichs Jugend beim Alkoholkonsum Spitzenreiter ist, zugrunde?

Zunächst einmal ist der Wunsch vieler Jugendlicher, „cool zu sein“,
lässig auf ihre Umwelt zu wirken, sich erwachsen zu fühlen, als eine 1
Ursache für den übermäßigen Alkoholkonsum anzuführen.

Weiters ist angetrunken oder betrunken zu sein bei vielen Jugendlichen 2
positiv besetzt, denn in diesem enthemmten Zustand ist für sie erst
Spaß möglich und alle Probleme scheinen gelöst zu sein – so nach dem
Motto „Ohne Rausch geht´s nicht!“

Hinzu kommt die Vorbildwirkung der Erwachsenen. Wird Alkohol 3
in Übermengen von den Eltern konsumiert und sieht das Kind den
unverantwortlichen Umgang mit Wein, Schnaps und Bier seiner
Bezugspersonen, so wird es kaum anders handeln. H

Vor allem aber ist die Tatsache, dass unter 16-Jährige sehr leicht an 4
Alkohol kommen können, eine der Ursachen für den hohen Alkohol-
konsum Jugendlicher. Im bereits zitierten Artikel der Jugendzeitschrift
„Puls“ bestätigt dies der Jugendanwalt Anton Schnell und meint,
dass auch hohe Geldstrafen Lokale nicht davor abschrecken, an
Kinder Alkoholika, auch Hochprozentiges, auszuschenken. Er fordert
mehr Kontrolle in Jugendlokalen und auch bessere Aufklärung der
Jugendlichen über die Folgen und Schäden von Alkoholkonsum.
(vgl. Simone Freytag, „Österreichs Jugendliche beim Alkoholkonsum !
Spitzenreiter“ in „PULS“, 30.06. d. J.) !

Fehlende Aufklärung über Schäden durch Alkoholkonsum, zu wenig 5, 6
Kontrolle und die verlockenden Angebote der Lokale, Wett-Trinken und
ungehemmtes Trinken zu einem Fixbetrag, können junge Leute dazu
animieren, über den Durst zu trinken.